RÉFLEXIONS

SUR

LE COMMERCE

DES BLEDS.

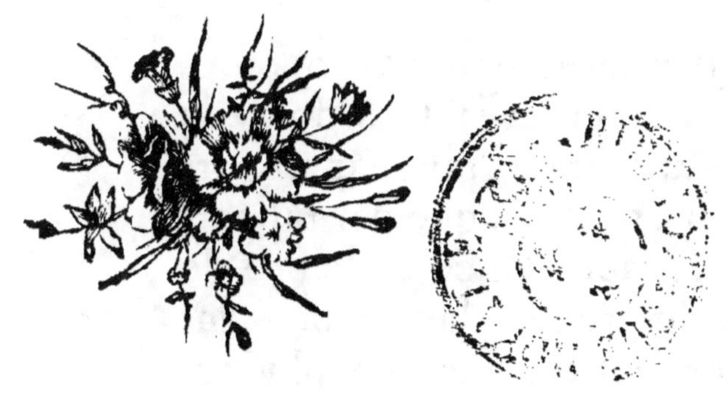

A AMSTERDAM,

& se trouve A PARIS,

Chez la veuve PIERRES, Libraire,
rue Saint Jacques.

M. DCC. LXIX.

RÉFLEXIONS

LE COMMERCE DES BLEDS.

L'OBJET que nous nous proposons de discuter ici est sans doute le plus important, tant par rapport à son étendue, que par rapport à sa nécessité. L'abondance & le prix de cette denrée de premier besoin peuvent mériter également les soins les plus attentifs d'une administration sage & éclairée. On conviendra facilement que dans l'état de pure nature, où l'homme abandonné à lui-même, & uniquement considéré dans son individu, n'usoit que des biens offerts par une nature libérale; toute régle & toute administration étoit inutile, mais il faut convenir aussi que la formation des sociétés entre les hommes a donné naissance aux devoirs de société, & par une suite nécessaire aux

A

régles de police sagement établies pour maintenir l'ordre dans chaque société, & pour assurer l'exécution des devoirs de chaque membre envers le corps général de la société : delà on peut croire que cet axiôme qui sonne si bien aux oreilles, *laissez faire* & *laissez passer*, a pu & a dû souffrir bien des exceptions. Le premier devoir d'une société est que tous les membres se prêtent les uns aux autres jusqu'à un certain point qui exclut quelquefois le plus grand bien de chaque individu, pour le plus grand bien de la société ; d'où il résulte, par une conséquence nécessaire, que le droit de propriété doit être sacré & inattaquable pour la sureté & la force de tout le corps ; mais que c'est confirmer le droit de propriété que d'empêcher les usages qui pourroient nuire au bien commun, & de défendre le plus grand bien possible d'un individu pour le bien général de la société, pourvu que l'individu n'en souffre que jusqu'au point auquel il est obligé de se prêter par son devoir de société. On peut croire ces principes incontestables, dictés par la nature & consacrés par l'usage. Ils ont encore cela d'agréable, c'est qu'ils sont infiniment analogues aux fentimens d'union & de conciliation qui doivent animer tous les membres d'une fociété, ainfi que les perfonnes particuliérement chargées de fon adminiftration.

Si on eft une fois bien perfuadé que l'état de l'homme vivant en fociété eft foumis à des devoirs qui peuvent gêner quelquefois fa liberté, il faudra encore convenir de bonne foi que plus cette fociété fera nombreufe & étendue, plus les devoirs feront multipliés, eu égard aux intérêts différens des membres qui la compofent ; mais pour l'exécution rigoureufe de fes devoirs, on pourra peut-être diftinguer ceux qui concernent exiftence indifpenfable & l'intérêt effentiel de la fociété, d'avec ceux qui ne concernent que des intérêts fécondaires, & une police plus agréable & plus réguliere.

Si d'après ces principes, on examine la difcuffion actuelle fur le Commerce des Bleds & les ouvrages qui la contiennent, on verra que tous ces Auteurs ont les intentions droites & dirigées vers le bien, & que quoiqu'ils concluent d'une façon fort différente, ils partent tous de principes généraux,

qu'il feroit bien difficile de nier en eux-
mêmes, mais qui peuvent devenir vi-
cieux par une application défectueufe,
& fi l'on veut chercher la caufe de
cette différence, on la trouvera peut-
être, d'un côté dans un attachement
trop aveugle à des préjugés enracinés
par un long ufage, & de l'autre côté
dans un enthoufiafme qui ne fe trouve
que trop fouvent dans ceux qui fe
croient Auteurs de quelques nouveaux
fyftêmes, & qui ne s'apperçoivent pas
qu'ils ne font que forcer d'anciens principes modifiés fagement dans leur ori-
gine, mais enfevelis par une fuite d'abus
que les circonftances ont accumulé &
que le préjugé a confervé; de forte que,
en adoptant les principes des uns & des
autres, & en évitant les excès, il feroit peut-être poffible d'arriver jufqu'à
la vérité, qui eft le but unanime.
Pour tâcher d'y parvenir, nous évite-
rons foigneufement toute critique & ce
ton dogmatique qui humilie trop les
perfonnes qui veulent bien fe donner la
peine de lire, & révolte fouvent au lieu
de perfuader.

Cette matiere eft affez importante
pour l'examiner dans fon principe. Pour

avoir un Commerce de Bled bien animé, il faut une production abondante,
c'eft l'affaire du Laboureur ; mais pour
qu'il réufiffe, il faut qu'il ait les facultés néceffaires pour faire les avances,
que les ouvriers ne lui manquent jamais
au befoin, & qu'il ne fe dégoute pas de
fon métier. Je ne prétends point ici
difcuter la queftion que j'ai vu fouvent
agiter pour favoir lequel étoit préférable d'avoir la même étendue de terres
exploitées par un gros Laboureur, ou
divifées en plufieurs métairies exploitées par de petits Fermiers. Je crois
qu'il y a beaucoup de bonnes chofes à
dire de part & d'autre ; mais fans me
décider ni pour ni contre, je ne peux
pas fermer les yeux fur ce que je vois
tous les jours. Si j'examine une groffe
Ferme, je vois une écurie bien meu-
blée, des troupeaux nombreux dans les
bergeries & dans les étables, des fu-
miers en abondance, des terres bien
labourées & toutes dans la meilleure
valeur, des domeftiques nombreux &
bien occupés, des gens de journée bien
employés, & par-tout un travail fuivi
& bien animé. La gaieté y refpire au
milieu d'une maifon propre & riante,

qui fournit à tous fes habîtans une fubfiftance faine & abondante. Si je me
tranfporte au contraire dans plufieurs
petites Métairies, je vois, à la vérité,
plufieurs ménages, mais à leur fuite des
troupeaux foibles & languiffans, des
chevaux hors d'état de faire un fervice
laborieux, me montrent des terres écor-
chées plutôt que labourées, le travail en-
gourdi n'appelle point d'ouvriers étrangers. Une nourriture trop économique,
pour ne pas dire plus, répare à peine la
diffipation faite par le travail, qui, faute
de faculté, ne peut s'étendre par le fecours de bras mercénaires; en un mot,
je vois clairement que le travail de la
groffe Ferme bien plus étendu, a occupé beaucoup plus de bras dont le falaire a fourni la fubfiftance à bien plus
de perfonnes.

Si j'entre dans le Village occupé par
ces ouvriers & par leurs familles, j'y
vois une nombreufe population fournie
de leurs befoins & affurée de les trouver
toujours dans un travail fuivi fans inter-
ruption. Si j'examine les récoltes, je les
trouve abondantes, au point d'employer
encore des ouvriers éloignés qui viennent les ferrer dans les momens que la

différence des climats leur laiſſe libre; & j'ai bien de la peine à croire que l'adminiſtration qui occupe le plus grand nombre d'hommes, & qui fournit les plus grands produits à la ſubſiſtance & au Commerce ne ſoit pas la meilleure. Au reſte, je le répete, je ne prétends point décider ici cette queſtion plus curieuſe qu'utile, car l'adminiſtration générale n'y fera jamais rien, & les Propriétaires ſe décideront toujours ou par leurs préjugés, ou parce qu'ils croiront être de leur plus grand intérêt, ou par la néceſſité du local qui les commande ſouvent, & c'eſt ſur quoi je ne peux pas me refuſer encore une réflexion.

Il y a pluſieurs Provinces en France où il ſeroit impoſſible de trouver autre choſe que de ſimples métayers ; qu'on les examine bien, & l'on trouvera que ce ſont les terres les moins bien travaillées & d'un moindre produit de toute eſpéce.

D'où peut provenir cette différence. Tout travail, ſur-tout en cette matiere, porte avec lui ſa récompenſe, & tout Laboureur n'a pour objet principal que cette récompenſe ; mais il faut des avances pour le ſalaire de ce travail que le Fermier ne peut trouver que dans ſes propres facultés ; il faut même oſer faire des expériences, & toutes ne ſont pas ſuivies du même ſuccès. Cela eſt avoué de tout le monde, ceux même qui penchent pour le parti des petites métairies ſont obligés d'en convenir : il faut donc du moins qu'un Fermier ait des facultés proportionnées à ſon exploitation, & l'adminiſtration ne peut pas ſe donner trop de ſoin, pour que ces facultés deſtinées à des avances utiles ne ſoient pas enlevées au Laboureur pour d'autres objets.

Cette réflexion ne ſeroit-elle pas forte pour exclure l'idée d'un impôt unique & territorial qui ſe payeroit néceſſairement avant que le Propriétaire, ni le Fermier euſſent pu jouir de tout le produit de leurs récoltes, & diminueroit néceſſairement par-là les avances que l'un & l'autre pourroient faire pour ſe procurer de plus grands produits, & les ſupprimeroient peut-être tout-à-fait. Conſervez-lui ſes facultés, & n'ayez pas peur que les ouvriers manquent. Le travail appelle l'ouvrier, & l'on en aura toujours par-tout où un ſalaire ſuivi lui aſſurera une ſubſiſtance aifée ; s'il n'y en a pas dans le moment, il s'y en trouvera bientôt, & la population augmentée fournira des bras à l'Agriculture & des fecours de toute efpéce à l'Etat.

Plus on fera perfuadé que les facultés d'un Fermier font néceffaires pour le bien de fon exploitation, & utiles à toute la fociété, plus on doit chercher les moyens de fixer dans leur état les Fermiers & leur famille. Comment y parvenir, leur profit eft un grand attrait, & le principal, s'il n'eft pas l'unique ?

Il n'eft pourtant pas poffible de facrifier le Propriétaire au Fermier, & c'eft à eux à s'arranger enfemble pour le prix & pour toutes les claufes du bail ; mais il eft fage de leur permettre toutes les claufes qui peuvent leur être utiles : telles, par exemple, que celles qui peuvent proroger la durée d'un bail jufqu'à vingt-fept ans, & autres de pareille efpece. Il paroît encore jufte d'autorifer le Fermier à tirer de fes récoltes le meilleur parti qu'il lui eft poffible, pourvu que l'ufage qu'il en voudroit faire ne fût pas trop nuifible à fes Concitoyens : c'eft ce que nous examinerons en détail quand nous parlerons du commerce des grains ; car pour ce qui concerne tous les autres produits d'une ferme, on ne fache pas que le Fermier foit gêné en rien pour l'ufage qu'il en veut faire.

Mais en France fur-tout, le profit n'eft pas le feul mobile qui conduife l'homme, l'honneur en anime beaucoup, & cela eft bienheureux ; car fans l'honneur attaché aux fonctions du Militaire & du Magiftrat, l'un & l'autre, quoique néceffaires pour la fûreté intérieure & extérieure de l'Etat, lui feroient furieufement à charge. Plus cet honneur eft puiffant dans le Militaire & dans le Magiftrat, moins il faut le prodiguer à d'autres Etats. S'il étoit un état parmi les Citoyens qui réunit enfemble l'honorable & l'utile, tous les autres feroient bientôt abandonnés, & l'harmonie du corps entier feroit détruite.

Il n'y a peut-être pas affez de diftinctions fubfiftantes entre les différentes conditions, & l'augmentation du luxe a trop décoré la fimple richeffe ; mais s'il n'eft pas convenable d'attacher trop d'honneur à une profeffion lucrative, il ne faut pas pour cela l'humilier.

Il y a une diftinction bien fenfible entre l'honnête & l'honorable. Le Militaire & le Magiftrat font des conditions diftinguées & doivent être honorées par tout ; mais la Finance, le Commerce & l'Agriculture font des conditions honnêtes, & dans lefquelles il peut fe rencontrer des perfonnes qui méritent des diftinctions à proportion du zèle & de l'intelligence avec lefquels ils peuvent rendre des fervices utiles à l'Etat. Il faut donc conferver l'honnête de ces conditions, fauf à honorer de récompenfes plus diftinguées ceux qui primeront dans leur état ; & pour ne point perdre de vue notre objet & rétablir autant qu'il eft poffible les diftinctions qui doivent être entre les conditions, ne conviendroit-il pas d'ordonner par une loi publique que dans les villages, après les Officiers de Judicature qui repréfentent le Seigneur & même le Roi, fource de toute Juftice, après la Nobleffe & la Magiftrature qui peuvent s'y rencontrer ; enfin après les Officiers Municipaux, ou après le Syndic, qui repréfentent toute la communauté, les Fermiers auroient le premier rang avant tous les autres ha-

bitans à l'Eglife, aux proceſſions, &
dans toutes les cérémonies publiques.
Quand l'état de laboureur jouira de
toute l'honnêteté qui lui eſt dû, qu'il
eſpérera même d'autres plus grandes di-
ſtinctions, s'il en mérite, on ne verra plus
les Fermiers ſi empreſſés à quitter leur
état, & on peut eſpérer de conſerver
à l'Agriculture leur poſtérité & leurs facultés augmentées par une longue expérience, & ſoutenues par des ſuccès
ſuivis & conſtans, dont l'heureux effet
ſera de procurer une ſubſiſtance abondante à une nombreuſe population, &
les matieres premieres d'un commerce
vif & animé par-tout.

Il ne faut pourtant pas compter ſur
les calculs exagérés qu'une tête échauf-
fée fait quelquefois ſur ſon bureau : le
papier ſouffre tout, & tous ces calculs
ſont juſtes arithmétiquement, mais ils
périſſent tous à l'application.

La France, diſoit-on, étoit ſurchargée
des grains des précédentes récoltes en
l'année 1764. On ne ſavoit pas ſi l'é-
tranger pourroit fournir aſſez de bou-
ches pour les conſommer, ni les mers
aſſez de vaiſſeaux pour les tranſporter ;
cependant une médiocre exportation a

tellement vuidé les greniers, qu'une année médiocre, & une seconde encore plus foible, sans être absolument mauvaise, ont fait augmenter le prix des grains, au point de faire souffrir la plus grande partie des Citoyens, & de retrancher considérablement leur subsistance.

L'Agriculture en France peut être améliorée, il faut y travailler ; mais jusqu'à quel point peuvent monter ses produits : c'est ce qu'il est impossible de fixer, & même de préjuger.

Rien n'est si facile que de calculer d'après des arpentages assurés, ou d'après son idée une quantité quelconque d'arpens de terres labourables ; de supposer ensuite la quantité de septiers que chaque arpent doit produire, & par un calcul très-court, de présenter un produit immense ; mais indépendamment de toutes les circonstances locales, des intempéries de saisons qu'on n'éprouve que trop souvent, où seroit le consommateur ? N'y a-t-il que nous qui ayons des grains, & n'aurons-nous pas autant de concurrens qu'il y a de pays qui produisent au-delà de leur consommation ; la Pologne, l'Angleterre, la Barbarie, l'Archipel, les Colonies Angloiſes en Amérique, & bien d'autres moindres que l'on pourroit nommer, ne font-ils pas des concurrens très-connus ? Ne connoît-on pas même à peu près les beſoins annuels du reſte de l'Europe ?

Pour arriver au vrai autant qu'il eſt poſſible, il n'y a qu'à diviſer ces beſoins annuels entre les fourniſſeurs concurrens, & y ajouter l'eſpérance incertaine qu'une plus grande population peut nous fournir dans l'intérieur, & ce calcul préſentera des produits beaucoup plus modérés.

Mais pourquoi tous ces calculs ; encourageons notre Agriculture, cela eſt fort bien. Deſirons en même tems que cette augmentation n'aille que par degrés, plus ou moins rapides, ſuivant les circonſtances ; contentons-nous de procurer aux Colons un débouché facile de leurs grains ; & laiſſons-les faire leurs calculs eux-mêmes, & proportionner la quantité de leurs marchandiſes à la conſommation, ſoit nationale, ſoit étrangere.

Nous n'en dirons pas davantage, & après avoir conſidéré les grains comme objet de culture, examinons-les à préſent comme objet de commerce ; & ne perdant pourtant pas de vue que c'eſt un objet de premier beſoin, & que c'eſt le produit du travail d'une ſociété nombreuſe compoſant un état fort étendu, tant ſur les côtes, que dans l'intérieur des terres.

Tout commerce étendu comprend néceſſairement la circulation & la conſommation dans l'intérieur, ainſi que l'exportation & la conſommation à l'étranger; enfin, tout commerce étranger comprend néceſſairement l'exportation & l'importation. Examinons avec ſoin tous ces points importans.

La circulation & la conſommation intérieure ne doivent pas nous arrêter long-tems. Tous les Concitoyens d'un même état ſont freres, & ſe doivent des ſecours mutuels. Tout commerce eſt animé par une circulation vive & facile. Gémiſſons des cloiſons qui ont ſubſiſté ſi long-tems entre des freres; que des circonſtances malheureuſes avoient élevées; que le préjugé du peuple & des Tribunaux même avoit conſacré, & remercions l'Autorité ſouveraine d'avoir bien voulu les détruire. Cet ouvrage, commencé en 1755 par un Arrêt du Conſeil, a été cimenté en 1763

par une Déclaration autentique enrégi-
ftrée dans toutes les Cours ; & fi le malheur de quelques lieux & le cri de la néceffité ont réveillé encore quelques étin-
celles d'un feu fi nouvellement éteint ,
plaignons le fort des coupables , excu-
fons leurs fautes & contentons-nous de
foutenir avec fageffe & perfévérance
l'exécution d'une loi, qui, en nous traitant
tous en freres , rend nos befoins com-
muns , ainfi que nos reffources, & anime
entre nous un commerce également utile
à tous.

L'exportation de ces mêmes grains
peut mériter des réflexions particulieres.
La prohibition avec des permiffions de
fortir momentanées, la liberté de fortir
infinie , ou la liberté avec quelques ré-
ftrictions , font les trois différens genres
d'adminiftration ufités ou fuivis dans différens pays jufqu'à ce jour.

Examinons-les féparément relativement à la France , dans laquelle nous
avons le bonheur de vivre, & fans nous
porter dans des fiécles bien reculés dont
l'exemple eft fouvent inutile , attendu
les différences arrivées par la révolution des fiécles , bornons-nous au regne
préfent & à celui de Louis XIV ; plus

de

de cent vingt ans compris dans cette époque, peuvent nous donner lieu de consulter l'expérience.

Il faut convenir d'abord que la prohibition est contraire au droit naturel, & c'est un premier défaut qui ne peut être racheté que par de grands avantages : cette prohibition seroit bien plus odieuse, si au lieu d'avantages, on y trouvoit encore des inconvéniens bien plus considérables. On ne peut pas douter qu'elle ne soit contraire aux succès de l'Agriculture ; comment pourroit-on s'imaginer qu'on employât beaucoup de soins, de peines & d'avances pour se procurer une marchandise dont la vente est bornée à une consommation limitée à l'intérieur ? Tout commerçant dont les spéculations excédent le débouché de la marchandise, décrédite cette même marchandise, & perd nécessairement non-seulement sur la partie qui excéde la consommation, mais sur l'objet même de la consommation qui est avili par le superflu : s'il ne succombe pas, il n'a d'autres ressources que de diminuer ses approvisionnemens pour laisser écouler le superflu des provisions précédentes. Si des récoltes abondantes fournissent un superflu au-delà de la confommation nationale, & que l'exportation ne foit pas ouverte pour le débouché de ce fu- perflu, la diminution de la culture fera une fuite d'autant plus néceffaire de cette fatale abondance, que le Colon ne trouvera jamais dans ces grains inven- dus de quoi fournir aux avances d'une nouvelle culture ; & l'ouvrier lui même qui ne trouvera plus de travail n'aura pas de quoi fe procurer fa fubfiftance, mal- gré le bas prix des grains qui ruinera le laboureur. Ces inconvéniens font réels & prouvés par l'expérience, il ne tien- droit même qu'à nous de faire un tableau auffi touchant que pathétique des difet- tes qui ont fouvent fuivi ces abondances inutiles.

Mais dans un temps où il femble que la philofophie ne confifte qu'à outrer tous les principes & à groffir les objets, ne chargeons point le tableau ; appellons pour nos preuves, fi tant eft que nous en ayons befoin, l'expérience la plus répé- tée & la mieux confirmée, & nous verrons que la prohibition de la fortie des grains a produit dans de certains temps des inconvéniens fi confidérab es, qu'on a été obligé de venir au fecours

de l'Etat par des permiſſions générales ,
ou particulieres.

Arrêtons-nous là quant à préſent ; il
nous ſuffit d'avoir prouvé , & par les
principes, & par l'expérience , que l'état
de prohibition de la ſortie des bleds
nationaux, ne peut pas être une forme
d'adminiſtration permanente & irrévo-
cable pour le commerce des grains.

Ajoutons cependant encore une autre
raiſon puiſée dans l'humanité ; à Dieu
ne plaiſe que je vienne préſenter ici
l'idée auſſi flateuſe que vaine , de la Ré-
publique univerſelle de l'Europe & peut-
être de l'univers : car ſi la premiere
exiſtoit , la ſeconde ne ſeroit peut être
pas difficile à opérer. Il ne faut pas
avoir vécu, ni réfléchi long-temps , pour
ſentir les intérêts oppoſés des différentes Puiſſances , & les diviſions funeſtes
qui en font la ſuite néceſſaire entre les
nations : nous voudrions en vain nous
cacher les excès d'inhumanité auxquels
des haines invétérées & des guerres ob-
ſtinées ont donné lieu , & nous ne pouvons pas imaginer que tous ces intérêts
ſe concilient au point de ne former pour
ainſi-dire qu'une ſeule nation, compoſée
de toutes les différentes Puiſſances de

l'Europe : fi cette réunion approche de l'impoffibilité, nous ne pouvons que louer les peuples qui fans faire tort aux autres, veilleront avec un foin particulier à leurs intérêts perfonnels, & principalement à la fureté & à la facilité de leur fubfiftance. Mais cette attention, louable en elle-même, ne deviendroit elle pas blamable & même barbare, fi elle alloit jufqu'à refufer à une autre nation une fubfiftance qui lui feroit néceffaire, & qu'on pourroit lui fournir fans s'expofer au même inconvénient de néceffité. Je n'imagine pas que cette propofition ainfi reftreinte puiffe trouver des contradicteurs, & il en réfultera que l'état de prohibition abfolue eft inadmiffible, qu'il feroit néceffairement fujet à des exceptions ; & cela nous fuffit quant à préfent.

Examinons actuellement fi l'état de l'exportation abfolue & fans reftrictions eft capable de remplir toutes les vues qu'un bon Citoyen peut & doit avoir pour bien régler l'adminiftration du commerce des bleds.

Tout ce que nous avons dit contre la prohibition eft favorable à l'exportation ; il faut convenir que c'eft l'état le plus conforme à la nature & le plus propre à exciter le cultivateur par l'espérance d'un débouché plus étendu & plus avantageux. Joignons-y encore les principes si anciens, si connus & si inutilement rebattus aujourd'hui, que la liberté & la protection sont les deux ames du commerce; que la multiplicité & la concurrence des acheteurs sont les moyens les plus surs de multiplier les fabricateurs & les vendeurs; que la multiplicité & la concurrence de ces derniers est la route la plus certaine pour fournir aux acheteurs les objets de leurs besoins & de leurs envies; enfin que c'est dans le concours de ces concurrences que se forme le vrai prix de la marchandise, ou pour parler plus vrai, le prix le moins sujet à variations; car il y en aura toujours par mille raisons inutiles à déduire, & il est fort utile qu'il y en ait, puisque c'est le principal fondement des spéculations des Négocians qui rendent le commerce si actif, & par-là si intéressant à tout un Etat.

Les mêmes raisons décident encore plus souverainement contre toute fixation de prix. Je ne prétends pas pourtant détruire toutes les régles de police; il n'eſt pas poſſible qu'elles puiſſent jamais parvenir à fixer le prix du grain : mais quand elles proſcriront les friponneries & les vols des Meuniers, des Boulangers & autres ouvriers, pourra-t-on les blâmer, & l'enthouſiaſme pourra-t-il jamais être porté au point de ſoutenir qu'il faut canoniſer, ou même tolérer dans le commerce des brigandages, qui dans toute autre eſpéce ſont punis des peines les plus rigoureuſes ? ſera-ce-là un moyen de maintenir la bonne foi ſi néceſſaire dans le commerce, & ſi utile en général dans toutes les ſociétés ?

Combien d'autres motifs en faveur de l'exportation, que je crois d'autant plus inutiles de déduire ici que dans les années 1763 & 1764, où cette queſtion a été agitée comme elle devoit l'être ; c'eſt-à-dire, entre les perſonnes les plus capables de l'entendre, & les plus à portée d'en connoître, l'exportation a été généralement approuvée, & il n'a, pour ainſi-dire, été queſtion que du temps de l'adopter, & des précautions qu'on pourroit juger convenables pour empêcher les inconvéniens qu'on en pouvoit craindre dans de certaines circonſtances.

Il y avoit déja long-temps qu'on ſen-

toit les inconvéniens infupportables ré-
fultans des obftacles que les prohibitions
mettoient à la circulation & au commerce des bleds , tant dans l'intérieur
qu'à l'étranger. Mais on croyoit devoir
y procéder avec fageffe & modération :
on craignoit encore dans ce tems-là les
révulfions trop dangereufes dans le paf-
fage fubit d'une forme d'adminiftration,
fuivie depuis long-temps à une autre
forme toute oppofée.

Si la nouveauté a fes enthoufiaftes ,
le préjugé a les fiens , & les gens fages
peuvent craindre le choc de ces enthou-
fiafmes , dont la prudence peut cependant fe fervir utilement , lorfque leur
impreffion , fe balançant réciproque-
ment , lui laiffe la liberté de marcher
toujours au bien d'un pas fûr & méfuré.
Auffi les commencemens furent très-fa-
vorables. La liberté ordonnée dans l'intérieur eut beaucoup de partifans & n'ef-
fuya aucune contradiction ouverte, les
petits obftacles cachés que des intérêts
particuliers faifoient naître à l'aide du
préjugé, s'applaniffoient facilement, &
la plus grande publicité donnée à cette
loi en affuroit l'exécution la plus com-
plette. Nulle précaution , nulle limita-

tion à mettre à cette loi ; parce que tous les Citoyens font également chers à l'Etat, & que l'utilité de cette liberté intérieure ne peut jamais tourner qu'au bénéfice de l'Etat.

L'objet de l'exportation pouvoit être plus délicat. Elle offroit fans doute un Commerce utile & fort étendu, mais il falloit, pour ainfi dire, le remettre entre les mains des étrangers ; nous n'avions point de Négocians fur cet article : car il ne faut pas confondre des Marchands qui vont acheter du bled dans les campagnes pour la fourniture des Villes, & des Laboureurs opulens qui réfervent leurs grains dans les tems d'abondance pour le porter au marché dans le tems de difette, avec des véritables Négocians qui achetent des grains pour employer leurs fonds, en former des magafins & fervir enfuite de matieres à leurs fpéculations fecrettes : la liberté entiere accordée dans cet état ne fervoit qu'à fournir à l'étranger le moyen d'en ufer comme il avoit fait lors des permiffions de fortie accordées de tems en tems dans le cours des prohibitions : il falloit donc former des Négocians nationaux. Tout Commerce à cet égard interdit par les prohibitions; ne leur avoit pas permis de prendre les connoissances nécessaires ; il falloit les accoutumer peu à peu à des objets qui leur étoient totalement inconnus.

D'ailleurs plus on étoit convaincu de l'utilité de l'exportation & de la force des préjugés contraires, plus il étoit dangereux de précipiter une opération fort utile en elle-même, mais à laquelle il seroit encore bien plus difficile de revenir, si on étoit forcé de l'interrompre pour quelque accident imprévu. Nul parti ne prévaloit encore sur l'autre, & l'on continua d'agir avec la même prudence. On sentoit la nécessité d'aller au secours de l'engorgement des grains, mais on vouloit interroger l'expérience, & ne pas révolter le préjugé ; on se détermina à accorder deux exportations, l'une des menus grains, graines & grenailles, qui étoit d'autant moins dangereuse qu'elle n'intéresse point essentiellement la subsistance des hommes, pendant qu'elle peut être fort utile pour l'encouragement de l'Agriculture ; l'autre étoit l'exportation de toute sorte de farines, & comprenoit la farine de froment sans distinction : cette exportation , à laquelle le fervice des moulins, étoit néceffaire, ne pouvoit pas être fi rapide dans le commencement. Son fuccès devoit amener néceffairement l'augmentation des moulins, & on ne fut pas long-tems à en voir les heureux effets ; on confervoit par ce moyen la main d'œuvre de la mouture , des facs & des barillages , & les fons nous reftoient pour l'éducation & l'engrais des volailles & des beftiaux : dans l'état lors préfent , c'étoit un puiffant encouragement pour l'Agriculture, peut-être même eut-il fuffi ?

Mais l'enthoufiafme de la liberté fe fentit animé par les premiers pas qu'une fage adminiftration avoit fait avec prudence. Le parti des prohibitions avoit du deffous fans ofer fe plaindre , à caufe de la fageffe qui avoit dirigé fes premieres démarches ; mais il avoit beaucoup perdu de crédit par leurs fuccès. La liberté indéfinie profita de ce filence pour s'élever avec plus de violence , fans attendre l'effet d'une expérience qui auroit peut-être éclairé tout-à-fait l'adminiftration.

Le Miniftere ne fe laiffa pourtant pas vaincre tout d'un coup, il eut recours à de nouvelles confultations ; le parti des prohibitions fe fit à peine entendre, celui de la liberté indéfinie éclata ; mais le parti mitoyen fe foutint , & fi l'on eût compté les voix des Confultans, il l'eût peut-être emporté : mais fon oppofition fit du moins appercevoir que la liberté indéfinie pouvoit avoir des inconvéniens en certains cas, & les reftrictions qui y ont été apportées par l'Edit de 1764, ne peuvent être que l'effet de cette fage réflexion.

Qu'eft-il arrivé depuis peu ? L'importation autorifée par l'Edit de 1764 a eu lieu ; elle a été fort utile pour l'Agriculture, & on n'a point envie de diffimuler que l'amélioration de la culture & beaucoup de défrichemens en ont été la fuite ; mais elle nous a éclairée en même-tems fur le vuide des calculs que la prétendue philofophie agricole avoit porté à des excès inconcevables. Il eft certain, de l'aveu même des fectateurs de la liberté indéfinie , que l'exportation n'a pas été fort confidérable ; & cependant ces accumulemens qu'on peignoit fi exceffifs en 1764 font écoulés ; les récoltes de 1765 & 1766 n'ont point été mauvaifes ; & quoique celle de 1767 ait été fort au-deſſous des médiocres, ce n'eſt pas pourtant encore une diſette. Le prix des bleds eſt monté ſi haut que la miſere a regné dans beaucoup d'endroits dès le commencement de l'année 1768. Il y a plus, le bled a toujours été en augmentant juſqu'à la récolte de 1768. On ne ſait ce qu'eſt devenu le bled vieux, il n'y en a point, ou peu, & quoiqu'on batte avec vivacité le bled nouveau, & qu'on le porte au marché avec empreſſement, il augmente encore & d'une façon exorbitante. Qu'on diſe tout ce que l'on voudra, ces faits ſont certains, & tous les plus beaux raiſonnemens du monde ne conſoleront & ne perſuaderont point celui qui n'eſt pas en état de vivre & d'élever ſa famille, attendu la cherté du bled.

Dans ces circonſtances & malgré toute l'évidence prétendue de la philoſophie rurale, il pourroit paroître à d'autres très-évident qu'elle prend très-mal ſon tems pour demander à grands cris une liberté plus étendue & même indéfinie; mais laiſſons à part les circonſtances, & diſcutons l'affaire au fonds.

Reprenons les principes que nous avons établis. Chaque Nation ou chaque Puissance forme une société étendue, don tles intérêts font malheureusement assez souvent différens de ceux des autres Nations, & dans ce concours d'intérêts il faut convenir que celui de la subsistance tient le premier rang. Il est juste que dans ce concours on préfére son intérêt personnel à celui des Nations étrangeres, & qu'on tâche de se conserver une subsistance nécessaire.

Un second principe dans l'intérieur de la même société, c'est que tous ses membres doivent se prêter jusqu'à un certain point des secours mutuels, & préférer leurs concitoyens à l'étranger; pourvu qu'ils n'en souffrent pas trop eux-mêmes.

Il paroît résulter du premier principe qu'une nation bien pourvue de grains, ne peut ni ne doit refuser à une autre nation, qui est dans le besoin, les secours qui peuvent lui être nécessaires. Il ne s'agit pas même de mesurer ces besoins, c'est au Commerce à en préjuger l'étendue; mais quand cette nation sent approcher ses propres besoins, ce qu'il est très-aisé de sentir par l'augmentation du prix des grains jufqu'à un certain point, il feroit injufte, & même bar-bare, de facrifier les citoyens à l'étran-ger, & de porter chez lui, à l'appas d'un profit judaïque, les grains néceffaires à leur fubfiftance. Nous leverons bientôt l'équivoque qu'on a voulu jetter fur ce mot du prix du grain : mais il faut convenir que l'augmentation du prix indique un befoin qu'on peut fe trouver hors d'état de fatisfaire de deux façons différentes, ou par difette abfolue quand le grain manque abfolument, ou par difette relative quand fon prix eft monté au point qu'une grande partie des confommateurs n'a pas les facultés néceffaires pour s'en procurer.

Cette fuppofition eft-elle donc im-poffible ? Non, puifqu'elle eft arrivée plufieurs fois, & que nous venons d'en reffentir les triftes effets ; il feroit donc injufte & barbare de ne la pas prévoir, en fe confervant les grains que notre fol & notre induftrie ont produit pour notre fubfiftance par préférence à tous autres. Il n'y a qu'une fufpenfion d'ex-portation qui puiffe dans ce cas arrêter l'avidité permife aux étrangers qui au-roient un befoin fupérieur, & l'avarice cruelle de quelques membres qui sacrifieroient leurs Concitoyens à leur intérêt perfonnel. La liberté de l'exportation ne peut donc pas être indéfinie dans ce cas.

Le fecond principe ne regarde que l'intérieur & n'eft pas moins important. Tous les fujets du même Etat font freres, & doivent également concourir fuivant leur profeffion & fuivant leur fortune à la profpérité de l'Etat. Plus l'efprit de patriotifme paroît s'éteindre, plus il eft important de le rappeller & de le raffermir. L'intérêt perfonnel, ce mobile général de l'humanité, eft fon plus grand ennemi, s'il n'eft contenu. Cependant l'intérêt général ne peut fubfifter qu'autant que tous les membres de l'Etat y facrifieront jufqu'à un certain point leur intérêt perfonnel. La claffe des Agriculteurs eft nombreufe & d'autant plus intéreffante qu'elle eft le germe de tout, puifqu'elle eft le germe de la fubfiftance ; mais l'Etat eft compofé de bien d'autres claffes de Citoyens qui lui font auffi néceffaires.

Le Militaire & la Magiftrature font indifpenfable pour fa fûreté au dehors, ainfi que pour fa fécurité & fa profpétité dans l'intérieur. Les Arts, le Commerce, les Manufactures & bien d'autres professions de tout genre, présentent un nombre bien plus considérable de Citoyens qui constitue la force essentielle de l'Etat par une nombreuse population, & fondent une consommation intérieure d'autant plus utile à l'Agriculture, qu'elle est indépendante de tout événement & de tout obstacle. On ose même dire qu'il seroit à souhaiter qu'ils pussent consommer tout le produit des récoltes abondantes ; mais cette nombreuse population ne se soutiendra qu'autant qu'elle pourra se procurer une subsistance nécessaire.

Que l'Agriculture demande les premiers soins & les premiers encouragemens, à la bonne heure ; mais faut-il pour cela oublier tout le reste de l'Etat, & l'Agriculture n'en souffriroit-elle pas elle-même par la diminution de la population & de la consommation ? Dans ces circonstances, n'est-il pas juste de concilier tous les intérêts, de commencer par favoriser l'Agriculture, en lui accordant une exportation facile pour éviter la vilité du prix du bled, de façon qu'elle puisse tirer de ces récoltes,

non-

non-feulement la fubfiftance des Laboureurs & le rembourfement de leurs
avances, mais un profit excédent qui
puiffe les engager à en faire de nouvelles, élever leur famille & la continuer dans un état dont ils ont connu
les avantages par une heureufe expérience?

Les befoins des Fermiers & la difficulté des tranfports laifferont encore un
jeu fuffifant au Commerce pour exercer
fes fpéculations, la culture & le Commerce feront fuffifamment animés pour
mettre toutes les parties de l'Etat dans
une action vive & utile : mais fi ce prix
monte au point que toutes les autres
claffes de Citoyens ne puiffent qu'avec
peine fe procurer une fubfiftance convenable ; feroit-il jufte de les facrifier
aux intérêts exceffifs de l'Agriculture,
& de lui continuer la faveur de l'exportation pour tirer de fes grains le
plus fort prix poffible : c'eft ce qui ne
fauroit fe foutenir aux yeux de l'humanité.

En vain voudra-t-on fe fauver fur la
difficulté de fixer le prix des grains.
Cette difficulté ne confiftera jamais que
dans des équivoques. On objecte qu'on

ne fçauroit fixer le véritable prix des grains, & qu'il y aura toujours erreur fur toute fixation à cet égard : cela eft vrai, mais on ne le cherche pas ; le véritable prix eft un mot qui n'a point de réalité, & qui ne pourroit tout au plus en avoir une que momentanée. Il dépendra toujours de l'abondance & des befoins, de la quantité de la marchandife mife en vente & du nombre des acheteurs, de la facilité plus ou moins grande des tranfports, des affurances plus ou moins fortes, de la pofition des lieux & des facultés de leurs Habitans.

Mais, je le répete, ce n'eft pas cela qu'on cherche, on veut fixer un prix affez fort pour encourager l'Agriculture & le Commerce, & laiffer en même-tems le confommateur en état de fe procurer fes befoins : ce n'eft pas même un prix de confommation que l'on cherche, & on laiffe au vendeur & à l'acheteur le foin de fe concilier enfemble à cet égard ; c'eft, fi j'ofe me fervir de ce terme, un prix d'exportation qui laiffe la barriere ouverte tant que les intérêts de l'Agriculture ne font pas à couvert, & qui la ferme quand les intérêts des confommateurs font prêts à

être facrifiés aux intérêts des cultiva-
teurs, & c'eft ce qui ne fera pas difficile à trouver quand on le cherchera
de bonne foi & fans prévention : en
vain, diroit-on, que cette précaution
eft inutile, & que le bled ne fortira pas
tant qu'il fera cher. Premiérement, c'eft
ici qu'il y auroit toujours quelque équivoque fur le prix du bled, pour confta-
ter le prix de cherté, & tant qu'il fera
plus cher à l'étranger, l'intérêt particulier du vendeur national prévaudra fur
le patriotifme ; mais fecondement ,
quand on pourroit préfumer le contraire, le befoin de l'Etranger le portera
pour le fatisfaire, à vous priver même
de votre néceffaire futur.

S'il eft difficile, comme cela eft vrai,
de fixer l'objet de la confommation, il
eft encore plus difficile de connoître au
jufte le fond des magafins chargés de
fournir à cette confommation ; eft-ce
dans un pareil objet qu'on peut courir
les hafards d'un faux calcul, ou d'une
fauffe fpéculation. Si le drap manque ,
les riches acheteront plus cher ce qui
en reftera, & les pauvres porteront leurs
vieux habits jufqu'à ce que le commerce
y ait pourvu ; mais fi le bled manque ,

ou qu'il monte trop haut pour le pauvre consommateur, le Ministere s'épuisera pour venir à son secours, & ce secours ne sera jamais assez prompt, pour qu'il n'y ait pas beaucoup de victimes innocentes sacrifiées à l'enthousiasme.

Je n'en dirai pas davantage, & j'ai tâché de prouver qu'une prohibition absolue étoit insoutenable, & qu'une liberté illimitée étoit sujette à des inconvéniens trop considérables. Il ne reste donc qu'à opter entre les limitations qu'on peut apposer à l'une de ces deux formes d'administration, & surtout d'indiquer des régles dont l'exécution ne tombe point dans l'arbitraire & ne donne point de prise au monopole difficile en général sur la partie de bleds, mais possible dans quelques circonstances locales.

Il semble déjà au premier coup d'œil, qu'il ne s'agisse plus que d'un jeu de mots. La prohibition, ou l'exportation limitées, toutes les deux au point de conserver les grains nationaux à tous les consommateurs, dans les tems où le prix des bleds menace de trop gêner leur subsistance, comme aussi de laisser un libre cours à l'Agriculture & au Com-

merce, lorſque cette ſubſiſtance eſt aſſurée, devroient produire les mêmes effets, & elles le feroient ſûrement, ſi
leur exécution étoit également aſſurée,
& n'étoit ſuſceptible que des mêmes inconvéniens. Mais on ne peut pas ſe cacher que l'état de prohibition eſt ſujet à
des défauts eſſentiels, dans le moment
qu'on croit devoir lever cette prohibition, par la trop grande abondance des
grains & la vilité de leur prix.

Le choix du moment, & la façon de
permettre la ſortie, tombent également
dans un arbitraire inſupportable & dangereux. Comment connoîtra-t-on avec
préciſion cette abondance, & ſi l'on en
juge par le prix des grains, ce ne ſera
jamais que le diſcrédit de la marchandiſe qui l'indiquera : le mal ſera fait, & le
reméde appliqué trop tard augmentera
le mal? Le Laboureur ſurchargé de beſoins trouvera à peine de quoi les ſatis-
faire dans la vente à vil prix de la to-
talité de ſes grains , & les magaſins
épuiſés menaceront peut-être d'une diſette prochaine. Croira-t-on prévenir
cet inconvénient en bornant l'exportation momentanée à des permiſſions particulieres, ou à une quantité limitée ?

Dans le premier cas, l'arbitraire & le monopole fe préfentent de tous côtés; ces permiffions fe vendront, la néceffité les fera même acheter fort cher, & l'avidité les multipliera; dans le fecond cas, les lieux les plus proches de l'exportation en profiteront prefque feuls, & le centre de l'Etat, qui eft la partie la plus laborieufe & la plus productrice, n'en recevra prefque aucun foulagement : l'Etat fe défera défavantageufement de fon fuperflu, & l'Agriculture découragée, ceffera de multiplier les productions.

La libre extraction limitée à un point raifonnable n'eft pas fujette à ces mêmes inconvéniens. Le Laboureur affuré du débit avantageux de fes productions, augmente fes efforts pour les multiplier : le travail animé met l'ouvrier en état de vivre avec fécurité, parce qu'il eft affuré que le prix de fa fubfiftance ne deviendra pas exceffif. Qu'importe au Laboureur de vendre au Régnicole, ou à l'Etranger, pourvu que le prix de fa marchandife lui apporte toujours un profit raifonnable ; & qu'importe à l'Etat que le confommateur paie un peu plus cher cette même marchandife,

pourvu que le falaire modéré de fon travail le mette à portée de fe procurer
les befoins, & d'élever fa famille felon
fa profeffion.

Il ne fera pas peut-être étranger à notre
fujet de faire ici quelques réflexions fur
le prix du bled & de la main d'œuvre.
Il eft impoffible de les fixer ni l'un ni
l'autre, & quand on le pourroit, il feroit peut-être bien dangereux de le faire.
On rifqueroit d'étouffer l'induftrie, &
une fage adminiftration ne s'y hafardera
jamais: mais faut-il pour cela qu'elle ne
fe donne aucun foin, & devant craindre
également tous les excès, ne doit-elle
pas employer tous les moyens poffibles
pour les éviter ?

L'exportation réciproque de tous les
Etats de l'Europe, eft le meilleur moyen
qu'on puiffe imaginer pour prévenir les
baiffes exceffives dans le prix des bleds,
& on peut prefque affurer que dans
ce cas cette liberté fera réciproque,
parce qu'elle eft dans l'intérêt de toutes
les Nations qui ont un fuperflu, foit par
leurs productions territoriales, foit par
leur Commerce.

Mais quand l'abondance ceffe, n'eft-
il pas dans la nature, dans l'équité la

plus étroite, dans la politique la plus fage, enfin dans l'ufage le plus univerfel de fe conferver fon néceffaire, & de prévenir l'excès du prix en fufpendant momentanément l'exportation. Ces deux excès prévenus, l'Etat n'a plus rien à craindre, aucune de fes parties ne périclite ; qu'il laiffe alors librement agir le génie & l'induftrie de fes Citoyens, chacun profitera de fes avantages, & le bonheur commun en fera l'heureux fruit. Il ne s'agit donc que de fixer le prix qui doit fufpendre l'exportation, & la forme la plus convenable pour fermer la barriere, ainfi que pour la rouvrir quand il fera tems. C'eft ce que nous difcuterons en examinant les difpofitions des Loix nouvelles à cet égard.

A l'égard du prix de la main d'œuvre, il eft plus aifé de dire ce qu'il faut defirer, que ce qu'il faut faire. On ne fera jamais travailler des ouvriers malgré eux, & on ne forcera jamais un Entrepreneur à payer des ouvriers de façon qu'il ne trouve plus de profit dans la vente de fa marchandife. Il eft fort à fouhaiter que la main d'œuvre foit à bon marché ; la marchandife moins

chere se vend mieux, & le débit augmenté multiplie en même tems la fa-
brication & le salaire des ouvriers. Si
cela est désirable en général, cela est
nécessaire sur bien des objets, & no-
tamment sur toutes les marchandises qui
se vendent en concurrence avec l'Etranger. Si tous les vendeurs sont fournis
au même prix des matieres premieres
qui entrent dans l'ouvrage, celui qui
fabriquera à meilleur marché aura sans
doute une préférence assurée dans la
vente ; & si l'un des concurrens est
fourni à meilleur marché des matieres
premieres, l'autre ne pourra soutenir
la concurrence, s'il ne trouve dans l'é-
pargne de la main d'œuvre de quoi
s'indemniser de ce qu'il paie de plus
sur la matiere premiere. Le bon marché de la main d'œuvre est donc indis-
pensable, d'autant plus qu'une nombreuse population est le bien le plus
réel d'un Etat, & qu'on ne peut l'espérer, si on écarte les ouvriers qui font
la classe la plus nombreuse de l'Etat :
cette proposition ne demande pas à être
prouvée plus amplement, parce qu'on
ne sauroit la nier de bonne foi.

Mais si l'on ne peut parvenir à se

procurer le bon marché de la main d'œuvre en fixant le salaire des ouvriers, comme il faut en convenir, quel moyen pourra-t-on prendre pour arriver à ce but ? Nous n'en connoissons qu'un, c'est une nombreuse population, qui, en fournissant un nombre considérable d'ouvriers par proportion au travail, ouvre entre eux une concurrence utile, & mette l'Entrepreneur en état de ne pas recevoir la Loi sur le prix des salaires. Mais pour avoir cette nombreuse population, il faut qu'elle puisse vivre, elle n'en peut trouver les moyens que dans son travail, & c'est encore ici que les deux excès du prix des grains sont également à craindre, quoique par des effets bien différens ; si le prix des denrées est trop bas, l'ouvrier qui trouvera sa subsistance de la semaine dans deux jours de travail, n'en travaillera pas trois, à moins qu'il ne soit tenté par des salaires excessifs ; le travail diminué par là ne se trouve plus en proportion avec la marchandise à fabriquer. Le Commerce de la Nation manque d'alimens, les autres en profitent & savent bien se conserver l'occupation qu'elle s'est laissé enlever par son imprudence ;

le travail manque enfuite dans le befoin, & l'ouvrier s'expatrie pour en aller cher- cher ailleurs. Cet inconvénient paroît paré par la liberté de l'exportation.

La fubfiftance trop chere a des in- convéniens auffi funeftes & encore plus contraires à l'humanité. Si les falaires ordinaires ne peuvent fournir aux vérita- bles befoins des ouvriers, ils commen- cent par fouffrir, ils tombent dans la mifere ainfi que leurs enfans, & ils pé- riffent, ou s'expatrient. En vain cher- cheroient-ils des reffources dans l'aug- mentation des falaires, que le Com- merce ne peut pas fupporter; le travail manqueroit totalement, la mifere extrê- me, ou l'expatriation en feroient la fuite néceffaire.

Le véritable bien confifte donc dans une fubfiftance plus ou moins aifée, mais toujours affurée par un travail affi- du, &, fi j'ofe le dire, néceffaire pour fe la procurer. Cette propofition n'eft point barbare, & tend feulement à pro- fiter des défauts de l'humanité, pour lui procurer un fort affuré dans lequel elle trouve tous fes befoins; c'eft ce qu'on ne remplacera jamais avec des aumônes, qui deviennent fouvent plus rares, & toujours plus difficiles dans les tems de calamités, & l'on n'a jamais annoncé les aumônes comme une reſ-ſource aſſurée dans la miſere générale du peuple; reſſource d'autant plus dou-teuſe, que toutes les bourſes ſont épui-ſées par l'augmentation générale de tou-tes les dépenſes.

Faudroit-il en dire davantage, pour prouver que l'excès du prix des grains eſt une calamité qu'il faut prévenir, en ſuſpendant à tems & pour le moment ſeulement, une exportation qui eſt ſi utile en tout autre tems : d'ailleurs, quels inconvéniens pourroit-il donc en réſulter ? Vous arrêterez, dit-on, les ſpé-culations de vos Négocians, vous les bannirez pour toujours. Laiſſez-les faire, quand ils auront appris leur métier, ils rameneront d'eux-mêmes l'abondance au ſein de la diſette ; le Commerce ira par-tout où le beſoin l'appellera. Pouvez-vous craindre qu'on vous tire vos grains quand ils ſont chers ; l'intérêt du Né-gociant lui-même y eſt contraire.

Je pourrois répondre en un mot à ces objections plus ſpécieuſes que ſolides, en diſant qu'on n'y apperçoit que des eſpérances & des ſpéculations ſans aucune certitude, & que dans des objets de premier befoin & de premiere néceffité, il n'eft peut-être pas fage de s'expofer fi légerement aux hafards. Je pourrois ajouter que l'expérience nous a fouvent montré le contraire, qu'une des fpéculations du Commerce pourroit bien être de laiffer augmenter le befoin pour en profiter plus fûrement. Mais examinons-les plus en détail.

Premierement, fi le commerce ne fait point fortir des bleds quand ils font chers, la fufpenfion de l'exportation pendant ce tems ne doit donc lui donner ni crainte, ni découragement; mais ne reftera-t-il pas fur le mot de cherté une équivoque dans la tête du Négociant qui pourroit devenir funefte à fes Concitoyens ? Il ne trouvera vraifemblablement le bled cher en France, que lorfqu'il ne pourra plus le vendre plus avantageufement à l'Etranger ; il aura raifon par rapport à lui, car il y gagnera ; mais il aura tort par rapport à la Nation, qui fe trouvera par là dans le cas d'avoir fourni fa fubfiftance aux autres, & de vivre plus cherement que ceux qu'elle a alimenté à fes dépens, & cela uniquement pour augmenter la

fortune de quelques particuliers. Crai-
gnons par-tout l'arbitraire, il eſt encore
plus redoutable dans les têtes des particuliers qu'entre les mains de ceux chargés par état de veiller au bien commun.
Il eſt donc bien plus à propos de ne
rien donner au haſard, & de fixer le
prix auquel le bled ſera retenu dans le
Royaume pour la ſubſiſtance convenable des Citoyens.

2°. Les mêmes raiſons décident que
cette reſtriction ne doit point gêner, &
encore moins bannir les ſpéculations
des Négocians ; elles ont un jeu fort
grand pour s'étendre, & ſi on les arrête
au-delà d'un certain terme, c'eſt qu'a-
près ce terme, toutes leurs ſpéculations
ſont fort haſardées pour eux, & ſûrement très-mauvaiſes pour l'Etat. Il faut
adorer juſqu'à l'idole de la liberté, pour
outrer à ce point des principes très-bons
en eux-mêmes : que diroit-on de quel-
qu'un, qui, à l'approche d'un beſoin ſe
déferoit de ce qui en eſt l'objet, dans
l'eſpérance de ſe le procurer plus aiſément & plus avantageuſement quand le
danger ſeroit devenu plus preſſant ? Ne
nous appeſantiſſons pas davantage ſur
cet objet, cela pourroit ſentir la critique.

& ce n'eſt ſûrement pas mon deſſein :
d'ailleurs, je vois la choſe aſſez claire
à mes yeux, je ne dis pas évidente ,
parce qu'il y a bien des vérités qui ne
le ſont pas , & qu'en général, ſi la
vérité eſt quelquefois abſolue , l'évidence eſt preſque toujours relative.

Concluons donc 1°. que ſuivant ma
maniere de voir, le parti de l'exportation limitée par des bornes rares & ſages, mais fixes & invariables, eſt la meilleure forme d'adminiſtration qu'on puiſſe
choiſir pour le Commerce. 2°. Que la
ſuſpenſion de cette exportation à un
prix fixe eſt une précaution néceſſaire ,
& la plus ſage qu'on puiſſe prendre
pour empêcher les fâcheux effets d'une
exportation outrée.

Il peut y en avoir encore d'autres ;
& ſans aller chercher celles que l'expérience indiquera peut-être, examinons
celles que l'adminiſtration a adopté ,
je veux dire, l'excluſion des vaiſſeaux
étrangers pour le tranſport des bleds par
mer ; & rappellons d'abord les principes ſur leſquels elle eſt fondée.

Il faut d'abord convenir d'un principe univerſellement reconnu , c'eſt
que la principale force d'un Etat con-

fifte dans une nombreufe population ; une puiffance purement agricole, s'il en exiftoit, ou qu'elle pût exifter, feroit bien dépendante & bien précaire, parce que fa population feroit bornée aux feuls Colons & ouvriers relatifs à l'Agriculture, & qu'elle dépendroit des befoins d'autrui pour la confommation de fes denrées, tandis qu'elle auroit elle-même un befoin perpétuel & permanent des ouvrages de l'art & de l'induftrie. Il lui faut des manufactures & du commerce pour accroître fa population & mettre en action toutes fes productions.

Une nation dont le territoire eft fort borné n'a de population que par fon commerce ; c'eft fon unique reffource, & c'eft ce qui fait tout le danger de fa concurrence, en fait de commerce, parce qu'elle ne perd aucune occafion & qu'elle emploie tous les moyens poffibles pour obtenir la préférence. La puiffance fans territoire n'a aucune force fans le commerce ; la puiffance territoriale perd plus de la moitié de fes forces fans le commerce, & l'autre moitié eft précaire & dépendante des nations commerçantes ; d'où l'on peut

conclure

conclure que la population & la force d'un Etat dépendent toujours d'un commerce plus ou moins étendu.

Il faut encore convenir que le commerce étranger le plus utile & le plus étendu se fait par mer. Cette proposition n'a pas besoin de preuve, & si elle est vraie, le commerce d'une nation quelconque dépendra beaucoup de sa navigation. Il y a plus, c'est que sa force offensive & défensive en tems de guerre, & sa force de considération en tems de paix en dépendront aussi beaucoup. La marine militaire n'est pas toujours en action en tems de paix ; elle ne peut pas former beaucoup de matelots ; & ceux qu'elle avoit employé dans une guerre précédente, périroient faute d'usage, ou par les révolutions ordinaires de la vie des hommes, s'ils n'étoient recrutés par le noviciat d'une marine marchande nombreuse & vivement occupée. C'est à l'acte de navigation de Cromwel que l'Angleterre doit la plus grande partie de ses forces maritimes, qui lui donnent aujourd'hui un rang distingué parmi les Puissances de l'Europe. Si cet acte de navigation est trop impérieux, retranchons en l'ex-

cès ; mais réfervons-nous la difpofition
d'un bien qui nous eft propre , & fai-
fons fervir l'exportation de nos grains
à l'augmentation de notre marine marchande : la marine militaire y trouvera
pour lors des reffources affurées dans
fes befoins ; nous gagnerons nous-mêmes la voiture de notre marchandife ;
notre population augmentera , & l'Agriculture y trouvera de nouveaux bras
& de nouveaux confommateurs.

Jè ne m'étendrai pas davantage, d'autant plus que cette queftion me paroît
avoir fort bien été traitée dans un ouvrage intitulé , *Réflexion d'un Citoyen*,
imprimé il y a deux ou trois ans dans
le Journal d'Agriculture, Commerce &
Finances , & que je n'y ai pas vu de ré-
ponfes fatisfaifantes ; car je ne crois pas
qu'on puiffe regarder comme telle la
parade des Rouliers d'Orléans , impri-
mée quelque tems après dans le même
Journal, & l'Auteur a très-fagement
fait de ne point fatiguer le public par
une réplique inutile.

On femble cependant infifter encore
aujourd'hui contre cette difpofition de
la nouvelle loi , & comme les raifonnemens ne font pas plus forts qu'à l'or-

dinaire, il suffira peut-être d'y répondre par l'expérience de quatre années
écoulées depuis la promulgation de la
loi : nous étions pour lors dans une si-
tuation assez critique à cet égard. Les
malheurs arrivés à notre marine marchande avoient dégarni nos Ports de
vaisseaux ; & nous ne devions pas beaucoup compter sur la force de notre navigation. Le systême de la prohibition
de la sortie des grains suivi jusqu'alors,
& plusieurs récoltes abondantes qui s'é-
toient succédé les unes aux autres, pou-
voient faire soupçonner un accumule-
ment très-considérable, & le bas prix
des grains confirmoit fortement cette
présomption ; malgré ces circonstances,
l'intérêt de la navigation a dicté la dis-
position de la loi ; voyons quel en a
été l'événement.

Notre navigation a été si suffisante
pour la sortie de nos grains, que l'ac-
cumulement tel qu'il fût s'est dissipé,
& que nos grains font montés dans l'intérieur du Royaume à un prix qui nous
a fait craindre pour la disette, ou du
moins, qui a rendu toute exportation
superflue. Comment cela est-il arrivé ?
1°. Par un moyen sur lequel on com-

ptoit ; c'eſt-à-dire , par la conſtruction de nouveaux bâtimens de mer ; & l'on n'a pu voir qu'avec grande ſatisfaction que cette nouvelle branche de naviga-tion avoit excité la conſtruction au point que , dans le ſeul Port de Saint-Valery , on aſſure qu'il a été conſtruit quarante vaiſſeaux pour cet objet. Cette conſtru-ction , la navigation de ces mêmes bâti-mens, & toute ſa ſuite ne préſentent-elles pas beaucoup d'avantages dans le tems qu'on ne peut appercevoir , du moins quant à préſent , aucun inconvénient.

2°. On a ſenti l'importance de nos pêches ſuſpendues & preſque anéanties par la guerre, & l'adminiſtration a fait les plus ſages diſpoſitions pour en ac-célérer le rétabliſſement ; mais on ne s'eſt peut-être apperçu que par l'expé-rience , que la défenſe de ſortir nos grains ſur vaiſſeaux étrangers étoit un encouragement réel pour nos pêches , & cela de deux façons : la premiere , parce que nos bâtimens pêcheurs qui vont chercher le débit de leur pêche dans un Port autre que le leur, y ont trouvé un frêt qui ſupporte au moins une partie des frais de leurs armemens ; la ſeconde , parce que les pêches ont

leur saison déterminée qui laissent les bâtimens pêcheurs oisifs dans les Ports pendant le reste de l'année : cet intervalle
peut être avantageusement rempli par
le transport des grains en toute saison.

L'exportation des grains limitée aux
vaisseaux François est donc utile , &
l'on n'a peut-être à se reprocher à cet
égard qu'une interprétation forcée du
pacte de famille qui admet les vaisseaux
Espagnols à ce transport , du moins
l'a-t-on entendu dire : dans cet état ,
que peut-on dire contre cette disposi-
tion de la loi ? Si l'expérience nous dé-
couvre dans la suite des inconvéniens
qu'on n'a pas prévu , il sera tems d'y
pourvoir ; mais dans l'incertitude , ne
renonçons pas dès-à-présent à une administration dont nous ressentons tous
les avantages. On a peine même à con-
cevoir comment la liberté indéfinie a si
mal choisi son tems pour faire valoir
des principes forcés , & par cela seul ,
fort dangereux.

Nous croyons avoir parcouru jusqu'à
présent ce qu'on peut dire sur le Commerce des bleds nationaux. Discutons
en peu de mots ce qui concerne le
Commerce des bleds étrangers , &

pour connoître toute son importance ; examinons-le d'abord relativement à notre subsistance ; & ensuite, relativement à notre Commerce.

La culture la mieux suivie & la plus perfectionnée n'est pas toujours récompensée par les mêmes succès. Les récoltes abondantes sont même assez rares, les médiocres sont celles sur lesquelles il faut le plus compter ; mais heureusement les mauvaises récoltes ne viennent jamais que de quelque malheur local, ou de quelques intempéries de saison, dont l'effet est plus étendu, mais non pas universel. Les grêles, les débordemens, les nielles n'affectent ordinairement que des lieux particuliers, s'étendent peu, & dans un vaste territoire, le malheureux trouve souvent chez son voisin les secours qui lui sont nécessaires ; mais il y a des pays qui ne suffisent jamais à eux-mêmes : le malheur de leurs voisins aggravent leurs besoins ; d'ailleurs, une sécheresse extrême & suivie, des pluies continuelles, des chaleurs ou des froids excessifs se font ressentir au loin, & affectent un pays ordinairement abondant ; de sorte que l'on doit être en état de fournir aux autres les fecours accoutumés ; il faut qu'il ait recours à eux pour fatisfaire fes befoins. Les fecours des bleds étrangers eft donc quelquefois néceffaire , même aux nations agricoles ; & ce fecours ne peut manquer d'être fort onéreux, s'il n'eft prévu de longue-main. L'Etranger ne le refufera pas ; mais il fera lent & fort cher, fi les précautions ne font pas prifes d'avance : il fuffit de favoir que le befoin peut exciter, pour penfer qu'il faut fe préparer le fecours même dans les tems d'abondance nationale, & par conféquent que dans tout tems nos ports doivent être ouverts pour recevoir les bleds étrangers : mais s'ils entrent dans la confommation intérieure, viendront-ils lutter contre nos bleds nationaux, fans conferver aucune préférence pour nos propres productions ? cela ne paroîtroit pas jufte. Partons toujours du même principe , que toutes les claffes différentes du même état doivent fe prêter les unes aux autres jufqu'à un certain point , & nous croirons que les bleds étrangers qui entreront dans notre confommation, doivent être chargés d'un droit d'entrée qui accorde jufqu'à un

certain point la préférence aux productions de notre fol : ce droit ne doit
pas être confidérable ; premierement,
parce qu'ils font déja chargés des frais
de tranfport ; & fecondement, parce
qu'il s'agit ici d'un befoin de premiere
néceffité, qu'il eft important de ne pas
faire monter au-deffus des facultés du
pauvre.

Je n'en dirai pas davantage fur l'objet de notre fubfiftance, d'autant plus
que l'objet du Commerce remplira ce
que nous aurions pu obmettre à cet
égard.

Il fuffiroit de fentir que les bleds
étrangers font effentiels à notre fubfiftance, pour être convaincus de l'importance de ce Commerce.

Si nous jettons les yeux fur le Commerce de nos voifins, nous ferons éton-
nés des bénéfices qu'ils retirent du
Commerce des bleds, même dans des
pays qui ne fourniffent pas à leur fubfiftance ; & nous ferons d'autant plus
empreffés à tâcher de partager ces pro-
fits, que notre pofition au milieu des
nations les plus empreffés à avoir des
befoins de cette efpece, nous met plus
à portée d'y fatisfaire. Les magafins de

bleds de l'Europe ne peuvent jamais être mieux placés qu'en France. Une grande étendue de côtes, des Ports avantageufement placés, tant fur l'Océan que fur la mer Méditerranée, pour porter également notre Commerce, tant au Nord qu'au Midi, des correfpondances de Commerce établies & fuivies de toutes parts, nous mettent en état d'être inftruits de tous les befoins, comme de prévenir une grande partie de nos concurrens pour y porter le fecours. Que faut-il pour profiter avantageufement de fi heureufes circonftances ? Rien, pour ainfi dire, que de laiffer agir les forces & les facultés des Négocians. Les commencemens ne feront peut-être pas bien vifs, parce qu'ils ne peuvent pas être au fait d'un Commerce qui leur étoit interdit de tant de façons ; mais repofons-nous fur leur intérêt pour leur inftruction. Ils ne peuvent pas avoir de meilleurs maîtres, & toute la protection dont ils peuvent avoir befoin à cet égard, confifte peut-être à ne point gêner leurs fpéculations, pour leur laiffer toute l'étendue dont elles font raifonnablement fufceptibles.

La fureté & la commodité de notre

subſiſtance ne ſont pas moins intéreſſées que notre Commerce à avoir dans nos ports des magaſins toujours bien garnis de bleds étrangers ; ſi ces grains entrent dans la conſommation intérieure, ils y arriveront chargés du droit d'entrée qui doit donner aux bleds nationaux une préférence qui leur eſt dûe ; mais le Commerce à l'Etranger & notre propre approviſionnement ſemblent exiger que les bleds étrangers ſoient admis en franchiſe dans les magaſins, & en puiſſent auſſi ſortir pour l'Etranger en exemption de tous droits. Il eſt bien aiſé de ſentir que ſi les bleds étrangers payoient des droits à leur arrivée dans nos ports, ou à leur ſortie de ces mêmes ports, lorſque les Négocians jugeront à propos de les placer à l'Etranger, ils ne pourroient plus ſoutenir la concurrence dans ce Commerce vis-à-vis de concurrens qui n'auroient pas acquitté les mêmes charges ; & ce ſeroit nous l'interdire à nous-mêmes que de le charger de droits qu'il ne pourroit pas ſupporter.

Nous avons dit que notre propre approviſionnement étoit intéreſſé à cette franchiſe ; en effet, il eſt intéreſſant pour cet objet d'avoir toujours ſous ſa

main des magasins bien garnis. Or ;
comment se flatter d'en avoir, si le
Négociant n'est pas le maître d'en disposer avantageusement. C'est lui ôter
cette faculté, que de lui interdire le
Commerce à l'Etranger, par la surcharge des droits; & dès-lors ses spéculations ne peuvent plus avoir pour
objet que les besoins nationaux; & lorsque ces besoins ne subsisteront pas, il
se donnera bien de garde d'en faire venir pour entrer dans une concurrence
ruineuse avec l'abondance des bleds
nationaux.

Il faudra donc que le besoin existe
avant que l'on songe aux secours qui
doit y porter le remede, premier inconvénient qui laisse considérablement
empirer le mal, qui rend le secours
plus lent, plus difficile & plus dispendieux, & qui ne peut pas manquer
d'être suivi d'un second qui tend à perpétuer le mal.

En effet, la plus grande attention
du Négociant dans cette position sera
de ne point rassasier le besoin, de peur
qu'il ne lui reste des grains invendus,
dont il ne pourra plus se défaire qu'avec
désavantage; puisque le besoin national

aura ceffé, & que le Propriétaire ne pourra plus foutenir la concurrence dans le Commerce à l'Etranger. Il ne portera donc fes fpéculations qu'au-def-fous du befoin, qu'il prolongera par-là au lieu de le fatisfaire comme il l'au-roit fait, s'il n'avoit pas été arrêté dans fes opérations.

Il faut des magafins toujours bien garnis pour prévenir le befoin, s'il eft poffible, ou finon, pour y porter un fecours auffi prompt qu'efficace ; mais pour avoir ces magafins, il faut qu'ils foient francs, & que le Propriétaire puiffe faire de fes grains l'ufage qui lui conviendra. Heureufement que tout ce-la peut s'opérer aifément par la voie de l'entrepôt : mais cet entrepôt ne peut pas être fous la clef du Fermier ; il y a trop d'inconvéniens connus fur toutes fortes de marchandifes, & cela eft impraticable en matiere de grains qu'il faut foigner continuellement pour empêcher le dépériffement ; & ces en-trepôts fe trouveront fujets aux mêmes fraudes que tous ceux qui exiftent dans les magafins des Négocians.

Le premier eft le retardement du paiement des droits pour la partie qui fe verfe dans l'intérieur. C'eft l'intérêt du fermier. Il faut bien que les droits foient perçus un peu plutôt, ou un peu plus tard ; c'eft au fermier à y veiller, & l'objet eft trop peu confidérable pour y faire une férieufe attention.

Le fecond inconvénient eft bien plus confidérable. Les grains étrangers arriveront furement dans nos ports, quand leur bon marché invitera les fpéculations des Négocians, ils viendront pour lors lutter contre les bleds nationaux dans la confommation intérieure ; cependant comme la perception des droits donnera une petite préférence aux productions de notre fol, il n'y aura encore rien que de jufte dans cette proportion, tant que l'abondance régnera. Mais quand l'exportation, ou la médiocrité de nos récoltes, & peut-être toutes les deux enfemble, auront fait monter le prix de nos grains au point d'en fufpendre l'exportation, elle reftera encore ouverte aux grains étrangers ; & cela ne peut pas être autrement, par les raifons que nous venons de dire.

Il n'y a pas encore grand mal à cela, tant que l'exportation des bleds véritablement étrangers ne diminuera pas la maſſe des bleds nationaux, réſervée pour notre conſommation dans les temps de beſoin ; mais il faut craindre & tâcher de prévenir l'abus du remplacement. Je m'explique.

Nous avons obſervé qu'on ne pouvoit pas toujours être bien informé de la quantité des bleds étrangers qui ſortent des entrepôts pour entrer dans la conſommation intérieure , il faut encore convenir que lorſque des bleds ſortent des magaſins d'entrepôts, il eſt bien difficile de diſtinguer ſi ce ſont des grains étrangers ou nationaux ; & dans ce cas , il n'eſt rien de plus aiſé que de remplacer avec des grains nationaux les bleds étrangers dont les droits n'ont point été payés , parce que leur ſortie de l'entrepôt a été ignorée. Il eſt aiſé de ſentir que dans ce cas , il en réſulte un double inconvénient.

Le premier, c'eſt que dans les temps d'abondance où l'Agriculture a le plus beſoin de faveurs , les grains nationaux ont lutté ſans préférence contre les bleds étrangers.

Le ſecond, c'eſt qu'ils nous ſont enlevés dans les temps de beſoin en exemption de tous droits : on pourroit même dans les temps ordinaires faire une navette perpétuelle pour se souſtraire également au paiement des droits d'entrée des bleds étrangers , & des droits de ſortie des bleds nationaux ; ce qui feroit d'autant plus de tort , que cela dérangeroit totalement la proportion de protection qu'on a cherché à établir entre les différentes claſſes des Citoyens du même état.

Le reméde doit ſe trouver naturellement dans la durée & dans la manutention de l'entrepôt , il eſt néceſſaire ; & en réformant les plus grands abus , les petits ſe trouveront avantageuſement compenſés par les bénéfices du commerce & de la navigation.

Nous n'en dirons pas davantage quant à préſent , & après avoir établi les principes , & fixé les points eſſentiels de la loi , il ne nous reſte plus qu'à en examiner les diſpoſitions , voir ſi elles ſont claires , préciſes & accompagnées des précautions néceſſaires pour en préparer une exécution ſure & facile. S'il s'agiſſoit d'une loi à faire , il faudroit en propoſer le projet ; mais comme la loi eſt déja portée & enregiſtrée , il ſuffit d'en examiner les diſpoſitions avec la plus

grande attention , & d'y faire les réflexions auxquelles elles peuvent donner
lieu.

L'Arrêt du Conſeil du 17 Octobre
1754 , la Déclaration du Roi du 25
Mai 1763 , & l'article premier de l'Edit
de Juillet 1764 , contenant le commerce & la circulation dans l'intérieur des
grains , farines, &c , en exemption de
tous droits , même de ceux de péage ,
ne nous arrêterons pas long-temps. Ce
commerce & cette circulation ne ſçau-
roient être trop libres , ni trop animés.
Cette activité dépend beaucoup de la
concurrence, reſſerrer le commerce des
grains entre les mains d'un petit nombre de marchands fixés & déterminés ;
c'eſt le jetter dans la langueur ; d'ailleurs de quel commerce eſt-il donc
queſtion ici , ou pour mieux dire , de
quelle marchandiſe ? La nature en eſt
le fabriquant , des Citoyens de toute eſ-
pece & de toute claſſe en font eux-mêmes
la récolte , ſoit immédiatement par les
terres qu'ils font valoir pour leur compte , ſoit pour les rentes & redevances
en grain qui leur ſont dues : ils ſont
donc marchands néceſſaires. Enfin c'eſt
une marchandiſe de premier beſoin &
eſſentiellement

essentiellement néceſſaire, c'eſt détruire toute liberté que d'interdire les ſpéculations que chaque particulier peut faire, pour ſe préparer, par ſes ſoins & ſes facultés, l'approviſionnement facile & moins diſpendieux de ſa maiſon & de toute ſa famille.

La liberté des magaſins eſt une ſuite de ces principes & de ces réflexions ; & ſi cette liberté a été refuſée aux ſeuls Officiers de Police, c'eſt que veillant eux-mêmes à toute cette manutention, pour empêcher les fraudes & les abus, il leur étoit plus facile d'en commettre & de les couvrir de leur autorité. On ne peut donc deſirer autre choſe à cet égard, ſi ce n'eſt qu'on éxécute bien exactement la loi actuellement en vigueur, & qu'on acheve de lever les petits obſtacles des droits de péage, paſſage, pontonage ou travers, aux termes de l'art. 3 de la Déclaration du 25 Mai 1763, & qu'un commerce auſſi intéreſſant ſoit débarraſſé totalement dans l'intérieur de tout ce qui pourroit arrêter ou renchérir la marchandiſe.

Nous trouvons pourtant dans les Lettres-Patentes du 5 Mars 1764, une exception pour les droits d'octrois, qu'on laisse subsister ; & cette exception mérite peut-être une distinction qui ne paroît pas prévue par la loi ; en général les droits d'octrois sont le patrimoine des villes & des communautés auxquelles ils ont été accordés pour subvenir à leurs besoins personnels. Il a été juste de leur accorder, & il a été raisonnable de leur laisser le choix d'une imposition qu'ils faisoient sur eux mêmes ; peut-être même y a-t-il eu de fort bonnes raisons locales pour faire tomber cette imposition sur les grains, & on ne devra pas y trouver à redire tant que la perception de l'octroi ne retombera pas sur un tiers qui n'est intéressé en rien aux charges de la communauté, & qu'elle sera bornée à la consommation du lieu pour lequel il a été établi ; mais si cette perception comprenoit tous les grains qui ne font que passer pour aller chercher ailleurs leur consommation, elle feroit trop onéreuse au commerce, en chargeant une marchandise qui renchérit par-là, & souverainement injuste, parce qu'elle tendroit à faire supporter, par la société générale, une charge qui ne doit être acquittée que par une société particuliere.

Il y a plus, le féjour des Villes n'eft pas favorable aux yeux d'une admini-ftration bien éclairée, & paroît en général peu favorable à la population. Les commodités, le luxe & le libertinage qui y regnent plus qu'ailleurs en font les caufes évidentes, & ne font en même-temps que de trop forts motifs pour y attirer nombre de citoyens qui fe dérobent aux travaux pénibles de l'Agriculture, auxquels ils feroient infiniment plus utiles. C'eft favorifer cette efpéce de défertion, que de foulager les Villes des charges qu'elles doivent porter, d'y rendre la vie moins difpendieufe qu'elle ne devroit être, & de rejetter une grande partie de ce fardeau fur tous les autres lieux de confommation. Une loi générale, qui réformeroit d'un feul mot tous les abus de ce genre, qui fe font gliffés dans la conceffion, ou dans la manutention des octrois, & qui en reftreindroit invariablement la perception à la confommation des lieux auxquels ils ont été accordés, ne pourroit qu'être infiniment jufte en elle-même, & feroit furement fort avantageufe, tant pour le commerce en général, que pour le commerce des grains en particulier.

E ij

L'article 2 de l'Edit de Juillet 1764, n'est qu'une répétition & une plus grande explication de partie de l'article I de la Déclaration du 25 Mai 1763 ; il permet les magasins, & c'est une suite nécessaire de la liberté du commerce. Cette permission est juste par bien des raisons, & il ne faut pas beaucoup de réflexions pour demeurer convaincu qu'elle est infiniment favorable, non-seulement au commerce, mais même au consommateur. En effet, nul commerce & nul approvisionnement sans magasins. Quant à la force de ces mêmes magasins, il est bien aisé de sentir qu'elle doit être proportionnée à l'étendue du commerce & des consommations. On ne disconviendra pas non plus que cette étendue est immense en matiere de grains ; aussi a-t-il fallu en avoir de tout temps ; les greniers du Roi, les greniers d'abondance des Villes, les approvisionnemens qu'on forçoit les Communautés religieuses de se former pour plusieurs années, étoient une charge très-pesante pour le Trésor royal & pour les Communautés des Villes, dont le poids retomboit nécessairement sur le public ; & d'ailleurs ils étoient presque toujours insuffisans pour le besoin , de sorte que nous étions obligés d'avoir recours aux magasins de nos propres grains que l'Etranger avoit formés chez lui , parce qu'il étoit défendu à nos Citoyens de les former chez nous; ne seroit-il pas infiniment plus avantageux qu'un nombre multiplié de magasins moins considérables , entretenus par les propriétaires à peu de frais , assurassent un approvisionnement moins dispendieux, & se trouvassent toujours auprès du besoin. Que d'épargnes au profit d'Etat & au bénéfice du consommateur ! L'effet en paroît certain , & s'il ne s'est pas encore fait ressentir dans les circonstances présentes, n'en accusons que l'état malheureux où l'ancienne administration nous avoit réduit.

Une nouvelle manutention ne s'établit pas, & ne se consolide pas en un jour. Il faut vaincre peu à peu le préjugé de l'habitude; il faut exciter des négocians, & leur donner le temps de se former ; il faut que l'exemple les multiplie; que les fonds employés à d'autres usages se tournent vers cet objet ; que les magasins se bâtissent, ou s'aggrandissent; que la confiance s'établisse ; & quoique la nouveauté ait le droit de plaire, on ne compte pas si aisément sur sa solidité.

Ce sont toutes ces raisons qui ont déterminé les degrés mesurés par lesquels on a marché d'abord vers la liberté, & qui auroient pu faire retarder encore de quelque temps la consommation de l'ouvrage ; mais elles ne détruisent point son utilité, & l'on peut être presque sûr que sa solidité sera assûrée par le temps & par les intérêts particuliers qui n'ont plus d'inconvéniens, quand une sage administration les dirige tous, sans qu'ils s'en apperçoivent, vers le bien général.

Il ne peut donc pas être question de revenir sur ses pas, & la libre circulation des bleds dans l'intérieur, ainsi que l'exportation, avec les restrictions sages que la loi a dictées elle - même, doivent subsister hors d'atteinte, ainsi qu'elles ont été prononcées par l'article III de l'Edit de 1764.

L'article IV de ce même Edit indique les ports par lesquels l'exportation des grains est permise. Il étoit sage dans le premier moment de ne pas trop multiplier les sorties. On veille difficilement sur un objet trop étendu. On y a ajouté depuis le port des Sables d'Olonne, & l'on ne doute pas que cette grace ne fût accordée dans la suite à d'autres ports, s'ils se trouvoient dans le cas de l'obtenir.

Le même article limite l'exportation des grains aux seuls vaisseaux François. Je desire bien sincerement que cette restriction subsiste, & que notre marine marchande soit suffisante pour l'exportation de nos grains, & je n'en doute pas pour plusieurs raisons.

Premierement, je me suis toujours beaucoup défié de tous les calculs enthousiastes de nos Philosophes Agricoles, & l'expérience m'a prouvé que je n'avois pas tort.

Secondement, cette même expérience m'a prouvé que le travail invitoit l'ouvrier. Les constructions faites en grand nombre & rapidement depuis la derniere guerre, ont suffi & au-delà à nos transports, & les matelots n'ont point manqué aux armemens ; l'augmentation, si on en a besoin dans des tems heureux & tranquilles, sera encore moins difficile ; ainsi on peut être rassuré contre tous besoins à cet égard, & nous pouvons jouir en paix des avantages présens.

E iv.

L'article V qui permet indiftincte-
ment l'entrée des bleds étrangers dans
le Royaume, n'a point de contradicteurs, & ne peut pas faire de difficulté,
moyennant le droit leger auquel ils
font affujettis par les raifons que nous
avons annoncées.

L'article VI contient plufieurs difpofitions qui peuvent mériter une plus
ample difcuffion. La premiere, fufpend
de plein droit l'exportation dans les
ports ou autres lieux de la frontiere,
lorfque le prix des bleds y fera porté à
la fomme de 12 livres 10 fols le quintal
& au-deffus; & que ce prix s'y fera
foutenu pendant trois marchés confécutifs. La feconde, réferve au Confeil
du Roi l'autorité de rendre libre l'exportation, fur les repréfentations des
Officiers des lieux.

Rien de fi conforme en général aux
principes que nous avons tâché d'établir. Le droit commun eft la libre exportation, & c'eft une faveur légitime-
ment due à l'Agriculture & au libre
ufage de fes biens. Le befoin national
feul arrête & fufpend cette exportation,
& c'eft encore une juftice due au confommateur national ; l'exception eft

d'autant plus favorable, que tout arbitraire en eſt banni; point de permiſſions
particulieres, point d'acceptions de
lieux, ni de perſonnes. Le fait ſeul décide & décide ſouverainement & ſans
exception. Le fait lui-même eſt bien
conſtaté, on craint quelque manœuvre
ſecrette, poſſible dans un ſeul marché,
& on exige que le prix ſoit aſſuré par
trois marchés conſécutifs. Ainſi ſans
nous étendre davantage, nous ne nous
permettrons que quelques réflexions ſur
la fixation du prix, ſur la notification
du fait pour fermer la ſortie, & ſur la
forme indiquée pour la rouvrir.

Le prix eſt fixé à 12 livres 10 ſols
le quintal, ce qui revient à 30 livres
le ſeptier de Paris, peſant deux cens
quarante livres ou environ. On a cru
pouvoir les porter juſques-là ; premierement, parce qu'on a eu en vue d'accorder un grand encouragement à l'A-
griculture ; ſecondement, parce qu'on
a penſé que le conſommateur pouvoit
encore ſe ſauver ; & en effet, quand
la tête des bleds eſt à un prix au marché, il s'y en trouve auſſi à des prix
inférieurs, & qui ſont très-bons pour des
conſommateurs moins délicats ; troiſiémement, on a eſpéré par un Commerce

vif animer une circulation qui établi-
roit, pour ainsi dire, un prix & un
marché commun à toute l'Europe, &
préviendroit par-là l'augmentation ex-
cessive du prix du bled, & l'on doit
effectivement attendre cet avantage
d'un Commerce bien établi qui nous
fournisse en même tems de bleds nationaux & étrangers.

Mais a-t-on bien fait réflexion premierement que ce Commerce n'étoit
point établi en France, qu'il ne pouvoit pas même l'être après une suite
aussi longue de prohibitions ; que nos
Négocians avoient besoin d'un certain
tems pour acquérir les connoissances
nécessaires, & que ce Commerce, qui
pour être parfaitement utile, comprend
nécessairement les grains nationaux &
étrangers, étoit d'une si grande étendue, qu'il avoit besoin de la réunion
des lumieres & des facultés de beaucoup de Négocians ; ce qui ne peut
s'opérer qu'avec le tems : & ne peut-on
pas penser qu'il ne seroit pas sage de
se fier si promptement à l'heureux effet
de spéculations, qui ne peuvent être que
lentes & peut-être tardives.

Secondement, quand le bled n'est
pas cher, il y a beaucoup de bleds de

différentes qualités au marché, parce
que le vendeur eſt obligé de parer ſa
marchandiſe pour la vendre, & que
l'acheteur qui a le choix devient plus
difficile : mais ces différences diſpa-
roiſſent preſque quand le bled eſt cher ;
le vendeur aſſuré de ſon débit ne ſe
donne pas quelquefois la peine de le
cribler, & l'acheteur, preſſé par ſon
beſoin, prend tout ce qu'on lui donne ;
ainſi, le bon marché du pauvre s'éva-
nouit dans le tems même que ſes facultés diminuent par la ſuſpenſion du
travail.

Troiſiémement, dans un objet auſſi
intéreſſant pour la vie, il faut compter
ſur l'effet de la crainte & du préjugé.
Le haut prix du bled annonce le beſoin, & la vue du beſoin effraie d'un
côté le conſommateur, tandis qu'il
flatte d'un autre côté l'avidité du Propriétaire, qui réſerve ſes grains dans
l'eſpérance d'une augmentation de prix
bien plus conſidérable ; ainſi la frayeur
des uns & l'avidité des autres groſſiſſent
le beſoin de façon que le bled monte
immanquablement au - deſſus du prix
qu'on s'eſt fixé pour arrêter l'exportation. Cela eſt naturel & prouvé, non

feulement par les raifonnemens les plus conféquens , mais encore par l'expérience la plus conftante. Si cela eft , comme il femble qu'on n'en peut pas douter, il y a lieu de craindre que la loi n'ait fixé trop haut le prix néceffaire pour fufpendre l'exportation : car il eft certain que le pain eft déja bien cher quand le bled eft porté à 12 livres 10 fols, & qu'il devient immanquablement trop cher par une fur-hauffe qui arrive toujours. Heureufement que le remede n'eft pas bien difficile.

Quel objet principal a-t-on eu dans cette nouvelle loi ? On n'a eu en vue que de prévenir les excès de prix, de balancer les intérêts du laboureur & du confommateur pour le bien commun & général. Peut-être s'eft-on propofé d'établir une adminiftration dans laquelle on ne verroit guères varier le prix du bled que depuis 7 livres 10 fols jufqu'à dix livres le quintal ; c'eft-à-dire, depuis 18 jufqu'à 24 livres le feptier de Paris. Si telle a été l'intention des rédacteurs de la loi, il y a bien à craindre qu'il n'aient pas fait toute l'attention poffible à cette difpofition ; & il eut peut-être paru plus jufte & plus conféquent de réduire tout au plus à 10 livres le quintal le prix qui doit arrêter l'exportation. S'ils ont eu en vue de laiffer aller le prix jufqu'à 12 livres 10 fols, mais de l'arrêter là, ils fe font vraifemblablement trompés, & auroient mieux rempli leur objet en baiffant le prix jufqu'à 10 livres ; ce qui me paroît jufte, & c'eft une réforme facile quand on le jugera à propos.

A quelque prix que l'exportation foit arrêtée, il faut que le public & les Négocians en foient régulierement inftruits, & c'eft le fecond objet que nous nous fommes propofés fur cet article. Il femble qu'on ne fe foit pas expliqué affez clairement à cet égard ; cependant, fi on veut qu'une loi foit exécutée avec le moins d'inconvéniens qu'il eft poffible, il faut en charger expreffément les exécuteurs, inftruire les perfonnes qui y font foumifes de façon qu'elles n'aient aucune excufe, & éloigner, s'il eft poffible, jufqu'à l'apparence de l'arbitraire. On doit commencer par connoître avec certitude le prix des marchés, cela n'eft pas difficile : il y a même des précautions fagement & très-anciennement prifes à

cet effet. La Police tient des regiftres
exacts qui contiennent le prix des grains
à chaque marché, & c'eft ce qu'on appelle communément les mercuriales des
gros fruits reconnus authentiques en Juftice, & qui fervent tous les jours de
régle pour décider tous les procès &
conteftations qui s'élevent pour le prix
des grains. Ils peuvent donc fervir de
régle non fufpecte pour les confulter
avec certitude ; il n'y a plus qu'une
explication à donner.

Nous avons obfervé qu'à tous les
marchés il y a des bleds à différens prix ,
auquel s'arrêtera-t-on ? Sera-ce au prix
le plus fort, au plus bas, ou au prix
mitoyen ? Enfin, réunira-t-on tous ces
prix enfemble pour en faire un prix
commun ? Tous ces partis peuvent être
bons, pourvu qu'une décifion précife
ferve de guide aux exécuteurs de la loi :
cependant les prix les plus hauts & les
plus bas paroiffent également à rejetter ;
le prix commun ne paroît guères plus
jufte, parce qu'une petite partie de bleds
vendus fort chers, ou à vil prix par leurs
différentes qualités, influeroient trop fur
la maffe générale du marché. Il femble
donc qu'on pourroit s'arrêter au prix

n moyen, si mieux on n'aimoit se fixer à
5 ou à 10 sols au-dessous du prix le plus
cher, qui est une clause assez ordinaire
sur le paiement des redevances ou con-
ventions faites pour la livraison des
grains. Tout arbitraire est exclus par-là,
l'exécuteur de la loi est bien instruit ;
en général, il ne s'agit plus que d'in-
struire le public du moment de la sus-
pension de l'exportation, & il ne paroît
pas que personne en soit chargé par la
loi : je sais bien que les Employés des
Fermes suffisent pour empêcher la sortie, & qu'ils sont même nécessaires pour
assurer l'exécution de la loi, mais ils
n'ont ni moyens ni qualités pour en in-
struire régulierement le public ; & c'est
au Juge de Police à se charger de ce
soin sous l'inspection des Parlemens.
Cela est même d'autant plus naturel
que tout ce qui regarde la subsistance
des hommes en général, & les grains
en particulier, est matiere de grande
police, qui a été de tout tems confiée
aux Parlemens, & aux Magistrats subal-
ternes chargés d'y veiller sous leurs
ordres.

Il seroit donc peut-être convenable
d'ordonner que le registre des gros fruits

de chaque marché feroit repréfenté exactement au Magiftrat de Police, & que lorfque dans trois marchés confécutifs le bled auroit foutenu le prix marqué pour fufpendre l'exportation, ce Magiftrat feroit tenu de rendre une Ordonnance à cet effet, & de la faire afficher fur le champ dans les marchés & autres lieux publics, laquelle comme fait de Police feroit exécutée par provifion, & fignifiée aux Bureaux des droits d'entrée & de fortie à l'Etranger, pour veiller à fon exécution. Si le Juge de Police prévarique dans cette occafion, c'eft aux Cours fupérieures dans le reffort defquelles il fe trouve à le réformer, & même à le punir féverement fuivant les circonftances particulieres; mais dans le doute, l'intérêt du Citoyen doit toujours être mis à couvert par une exécution provifoire de fon Ordonnance.

Nous croyons que cela peut être fuffifant pour la fufpenfion de la loi dans les cas prévus par la loi. Examinons à préfent les moyens que la loi indique pour rendre à l'Agriculture la liberté de l'exportation, qui ne lui a été interdite que par un befoin momentanée du confommateur.

fommateur. Lorfque ce befoin eft ceffé, il paroît jufte de rendre à l'Agriculture les faveurs qui lui font dues, avec le même zéle & la même diligence qu'on les lui a enlevés lorfque le befoin a commencé : cependant la Loi veut que dans ce cas les Officiers du lieu adreffent leurs repréfentations au Contrôleur Général des Finances, & que la liberté ne foit rendue qu'après qu'elle aura été ordonnée au Confeil du Roi, fans que dans aucun cas les Gouverneurs, les Commandans, les Commiffaires départis & autres Officiers de Sa Majefté, puiffent donner à ce fujet aucunes permiffions particulieres. Rien de fi fage que la feconde partie de cette difpofition, pour bannir tout arbitraire & tout monopole de la part de perfonnes qui pourroient abufer de leur autorité, même en croyant faire le bien.

Mais pourquoi laiffer un peu d'arbitraire, & exiger pour cela une décifion du Confeil, dans le cas où la Loi décide elle-même par le feul fait. La Loi a prononcé que l'exportation auroit lieu tant que les bleds feroient au-deffous du prix fixé, & cefferoit toutes les fois que les bleds auroient atteint ou excédé

ce prix. C'eſt donc le prix ſeul du bled
qui doit décider. Il ne s'agit donc que
de le conſtater & de le déclarer dans
une forme juridique & authentique, enfin
de ſuivre la même route pour rouvrir
les Ports, qu'on a pris pour les fermer.
Faut-il attendre pour cela les longueurs
& les délais d'une inſtruction qui peut
être ſouvent retardée par des circonſtances. Il s'agit du même objet de Police
générale ; pourquoi l'ôter aux Magiſ-
trats qui en ſont chargés dans l'ordre
ordinaire des Juriſdictions, & qui s'en
acquittent depuis long-tems avec autant
de zéle que de déſintéreſſement aux
yeux du public ?

Je n'en dirois pas davantage ſur cet
objet, ſi les termes de la Loi ne me
paroiſſoient point ſuſceptibles de quelques éclairciſſemens, qui pourroient
être au moins utiles pour une exécution
plus éclairée. Voici les propres termes
de la Loi.... *Dans le cas où le prix du
bled ſeroit porté à,* &c..... *Dans quel-
ques-uns des Ports ou des lieux ſitués ſur la
frontiere,* &c..... *Voulons que la liberté
accordée par les articles précédens demeu-
re ſuſpendue dans ce lieu de plein droit,*
&c, &c.

L'exportation n'eſt donc ſuſpendue que dans le lieu où le bled eſt monté au prix fixé par la Loi. Il eſt vrai que le nombre des lieux auxquels l'exportation eſt permiſe n'eſt pas fort conſidérable ; mais premierement, on l'a déjà accordé depuis ce tems au petit Port des Sables d'Olone, & il y a apparence qu'on aura de la peine à la refuſer à pluſieurs autres qui la demanderont par la ſuite. Secondement, en l'état préſent parmi les Ports ouverts, il y en a pluſieurs qui ſont fort voiſins les uns des autres; il feroit donc poſſible qu'un de ces Ports ouverts fit l'exportation de ceux qui auroient été fermés. Cela n'eſt gueres poſſible, dira-t-on, parce qu'il eſt difficile que le prix du bled ſoit long-tems différent dans deux lieux auſſi proches. Il eſt vraiſemblable que cela ne peut pas être bien long ; cependant ne feroit-il pas poſſible de choiſir un Port qui ne fit pas une grande conſommation ? ne feroit-il pas facile en ce cas d'y conduire beaucoup de bled ? Ce qui ſe feroit à peu de frais, attendu le voiſinage, d'en verſer une legere portion dans le marché pour empêcher le renchériſſement, & de filer ainſi pluſieurs jours de marchés, après lesquels il faudroit encore trois marchés confécutifs pour arrêter l'exportation, & l'on ne doutera pas qu'on ne puiffe aifément profiter de cet intervalle pour faire fortir une quantité confidérable de grains, & que la fuite de cette fortie ne foit un nouveau renchériffement dans l'intérieur, que la Loi vouloit empêcher. C'eft donc une efpéce de fraude à la Loi, ou du moins un moyen pour en éluder l'exécution.

Il ne paroît pourtant pas jufte d'arrêter l'exportation par tout le Royaume, lorfque par un vice local le bled auroit monté trop haut dans un feul endroit, & cela pourroit même être fujet à un monopole contraire ; mais ne feroit-il pas poffible de prendre un parti mitoyen en fermant en même tems tous les Ports d'une Province, ou du moins tous ceux qui ne fe trouveroient qu'à quinze ou vingt lieues de diftance du lieu où le renchériffement du bled auroit amené la prohibition de fortie à l'Etranger? On trouvera peut-être encore de meilleurs moyens de remédier au mal qui peut exifter, & même, qui vraifemblablement exifte, car il eft étonnant que le prix des bleds foit fi confidérablement augmenté dans le sein de la récolte abondante que nous avons fait cette année ; & si l'on veut que la Loi soit exécutée avec avantage, il faut qu'elle soit claire, & que des termes bien précis excluent entierement l'arbitraire.

L'article VII ne nous fournira pas beaucoup d'observations. Nous avons prévu les raisons solides qui autorisoient la perception des droits d'entrée & de sortie sur les grains. Ils sont fixés par cet article à trois pour cent pour l'entrée, & à un demi pour cent pour la sortie. On ne peut que louer la proportion & la modération de ces droits, & espérer qu'on prendra les mesures les plus sages & les plus exactes pour en assurer la perception.

L'article VIII regarde uniquement le Commerce des grains étrangers, & mérite d'autant plus d'attention, que sans l'entrepôt qui leur est accordé, il est impossible que ce Commerce existe. Nous avons pourtant vu tous les avantages qu'il doit produire dans tous les tems, & tous les secours qu'on en peut espérer dans les tems de besoin, s'il est suffisamment animé dans les tems d'abondance. Si l'entrepôt est nécessaire,

comme il ne paroit pas qu’on en puiſſe douter, il ne s’agit plus que de tâcher
de le régler de façon qu’il ne gêne pas
trop le Commerce, & que d’un autre
côté il ne ſoit point ſujet à trop de fraudes. Cet entrepôt ne peut être que dans
les magaſins des Négocians, & ſur les
regiſtres de la ferme. Ainſi la premiere
choſe à fixer à cet égard, c’eſt ſa durée;
elle eſt fixée à un an par la Loi, le terme
ne peut pas être plus court pour des
magaſins qui ne ſeront jamais bien remplis, que par des ſpéculations dont il
faut toujours attendre l’événement, qui
trompe même quelquefois les vues du
plus habile ſpéculateur : il ne peut pas
non plus être plus long, ſi l’on veut
y veiller avec ſoin, à moins qu’on ne
permette tous les ans à une époque fixe,
telle que le commencement du mois
d’Octobre, le renouvellement de
l’entrepôt qui devra être accompagné
de la vérification la plus rigoureuſe.
Cette ſeule vérification ne ſuffiroit pas
même pour empêcher beaucoup d’abus,
& il paroît important d’ordonner au
Fermier de vérifier au moins tous les
trois mois les magaſins d’entrepôt; ce
qui peut aiſément ſe faire avec un peu

moins de précision , excepté dans les cas de soupçons de fraudes, qu'il convient peut-être de punir féverement. On ne doit pas même en ce cas écouter les cris que feront fûrement les contre-venans.

Le Commerce eſt fondé fur la bonne foi, qui en eſt l'ame ; ce n'eſt que par elle qu'il peut véritablement profpérer.

La fortune d'un Négociant faite par des voies contraires, ne lui fera pas tant de bien qu'elle fera de tort au Commerce en général ; & ſi les bons Négocians entendoient bien leurs véritables intérêts, ils feroient eux-mêmes les dénonciateurs de ceux de leurs confreres, qui facrifient leur probité à l'appas d'un vil gain. Que l'adminiſtration feroit contente d'accorder au Commerce toutes les facilités qu'il pourroit defirer, & qui lui feroient pour lors véritablement utiles ! L'Etat lui-même y trouveroit un profit réel dans la diminution des frais de perception, & dans l'augmentation du prix du bail.

Je me reprocherois d'avoir été ſi long , ſi la matiere étoit moins importante , & qu'elle n'eut pas été traitée ſi volumineufement par d'autres plumes.

J'ai cru devoir écarter tout ce qui m'a paru inutile. Je ne me flatte pas d'avoir épuisé la matiere ; mais je crois ne pas devoir absolument passer sous silence deux projets différens, dont l'un est très-connu, ce sont les gratifications accordées à la sortie, dans la vue d'encourager & de multiplier les exportations ; & l'autre, dont je n'ai eu connoissance que depuis peu, tend au contraire à restreindre l'exportation à certains mois de l'année propre à nous débarrasser de notre superflu, après que nous serons bien assurés de notre nécessaire.

L'Angleterre seule nous a donné l'exemple des gratifications à l'exportation, & il faut convenir que cette forme de manutention a porté chez elle l'Agriculture à un grand point de perfection. Mais examinons un peu les circonstances & le local.

L'Agriculture étoit si négligée en Angleterre, que les productions territoriales ne suffisoient pas à sa consommation. Ses besoins lui étoient fournis par ses voisins, & principalement par la France, dont elle encourageoit la culture par ce moyen. Il falloit donc créer une Agriculture en Angleterre, tour-

ner de ce côté le génie de ſes Habitans ;
pour enlever leur approviſionnement
aux Etrangers qui en étoient en poſſeſ-
ſion ; c'étoit une révolution entiere qui
ne pouvoit arriver que par des moyens
violens, & l'intérêt le plus grand étoit
néceſſaire pour arriver à ſon but. Les
gratifications à l'exportation & l'excluſion des bleds étrangers furent donc
mis en uſage en même tems pour animer l'Agriculture en Angleterre, tant
par le débouché de la conſommation
intérieure, que par l'avantage que les
gratifications à la ſortie lui promettoient
dans ce Commerce à l'Etranger. Deux
circonſtances locales ſembloient remédier aux dangers qui pourroient réſulter
ailleurs d'une pareille adminiſtration.

La premiere, c'eſt que par l'uſage &
par l'habitude, la même quantité de.po-
pulation en Angleterre conſomme beaucoup moins de bled qu'ailleurs, & no-
tamment en France ; & que leur Agriculture en bon état, donne par conſé-
quent un ſuperflu plus conſidérable qu'il
ne ſeroit ailleurs.)

La ſeconde, c'eſt que quoique l'Angleterre ait un territoire aſſez étendu,
il ne peut pas lui fournir une population

affez nombreufe ni des revenus affez forts pour tenir un rang diftingué parmi les grandes Puiffances de l'Europe, fi elle ne tire une grande partie de fes forces de fon Commerce & de fa Marine, deux objets prefque inféparables ; car un Etat ne foutiendra jamais longtemps une grande Marine militaire, à moins qu'il n'ait une navigation marchande fort étendue.

La loi de Cromwel pour la navigation, les gratifications à l'exportation des grains nationaux, les facilités accordées d'ailleurs au commerce à l'étranger, font autant de moyens qui n'auroient peut être pas eu le même fuccès ailleurs ; mais qui paroiffent, fi j'ofe le dire, propres au tempérament de l'Angleterre. Ses colonies lui feront auffi infiniment utiles par les mêmes raifons, tant qu'elle les tiendra dans fa dépendance, & qu'elle leur fournira exclufivement leurs befoins. Car fi elles devenoient elles-mêmes une puiffance rivale de leur Métropole, il en arriveroit peut-être des inconvéniens funeftes à l'Angleterre ; & c'eft pour cela que des colonies utiles jufqu'à un certain point peuvent devenir fatales, fi leur étendue, leur richesse & leur puissance peuvent les mettre en état de se souftraire à la dépendance de leur Métropole. Tout dans un Etat doit être proportionné au corps de l'Etat qui est la Métropole ; les colonies les plus étendues n'ajoute-ront jamais rien à la force intrinséque de l'Etat ; elles y nuiroient plutôt par leur population & par leur défense, qui seroient toujours à la charge du corps de l'Etat, si le mal n'étoit réparé, en lui réservant une navigation nombreuse & un commerce bien animé.

Mais ne nous étendons pas davan-tage, ne perdons pas de vue l'objet qui nous occupe, & concluons que les grati-fications à l'exportation des grains ont pu être fort utiles en Angleterre ; qu'il a fallu pourtant plusieurs fois les suppri-mer, pour rendre justice au consomma-teur national ; que peut-être jugera-t-on à propos de les rétablir, mais qu'il n'y a que des raisons particulieres en Angle-terre qui puissent y donner lieu ; que l'égalité de protection due à tous les ci-toyens du même état s'y oppose, que l'Agriculture peut être très-florissante en France, sans avoir recours à un moyen aussi contraire aux intérêts des autres

citoyens ; & que dans le choix des encouragemens, qu'il eſt très-bon de donner à l'Agriculture, il convient d'écarter tous ceux dont la charge ſeroit trop
onéreuſe pour toutes les autres claſſes
de l'Etat.

Voici ſur quoi doit être fondé le ſecond projet que j'ai annoncé. Il part du
principe qu'il faut toujours commencer
par aſſurer ſa ſubſiſtance ; que juſquà ce
point, tout regnicole eſt préférable à
tout étranger, & que le ſuperflu ſeul
peut être verſé dans le commerce comme
un ſecours donné à leurs beſoins, lorſque
l'on a ſatisfait tous les ſiens. Pour parvenir à ce point deſiré, & que tout le
monde conviendra être deſirable, on
penſe qu'en partant du temps de la récolte des grains & des ſemailles, que l'on
regarde comme un temps mort pour le
commerce des bleds, tout l'hiver entier
& le commencement du printemps doivent être employés à fournir ſeul le conſommateur national, & à lui faciliter les
moyens de s'aſſurer ſa ſubſiſtance juſqu'à
la récolte prochaine. Toutes les précautions néceſſaires à cet effet doivent être
priſes vers le 15 Avril de chaque année,
le reſte de ce mois, & les mois de Mai,

Juin, Juillet & jufqu'au 15 Août, les ports peuvent être ouverts pour l'exportation, avec d'autant moins d'inconvéniens que toutes les précautions ont été prifes fur la derniere récolte, & que la nouvelle récolte, qui entre pour lors dans les granges, y reftera pour nos befoins, jufqu'à ce que le temps qui s'écoulera jufqu'au 15 Avril fuivant, ait féparé bien exactement notre néceffaire de notre fuperflu. Rien de fi riant que le premier coup d'œil de ce projet. Il paroît établi fur les meilleurs principes, & fi l'exécution en eft facile & fans inconvénient, il paroîtroit avoir pourvu à tout, par la voie la plus fimple, fur les points les plus intéreffans du commerce des bleds nationaux.

Mais voyons ce qui doit réfulter de l'économie générale de ce projet, & commençons par nous tranfporter au moment de la récolte, c'eft-à-dire, au mois d'Août. C'eft le moment de la plus grande dépenfe du laboureur; car tout le monde de la campagne fait, pour ainfi dire, fa récolte en même-temps; & quand le fermier ferre la fienne, les falaires des ouvriers qu'il emploie, & qui font fort chers pour lors, doivent leur préparer leur fubfiftance pour les jours où ils ne trouveront point de travail dans les temps d'hiver. Cette dépenfe eft donc néceffairement confidérable ; mais il eft vrai qu'après quatre mois d'exportation , le fermier a dû trouver de quoi y fournir dans le prix des bleds qu'il a vendus.

Mais cette premiere dépenfe n'eft pas plutôt finie qu'il en furvient encore une forte. Les labours à bled d'Août & de Septembre font fuivis des femailles au commencement d'Octobre. Il faut battre promptement, & ces premiers battages fourniront à peine aux femailles & à la confommation de la maifon , fans que les grains battus donnent aucun argent au laboureur , & les marchés le ferviroient peut-être mal dans un temps où l'exportation interdite depuis trois mois a encore cinq mois à attendre pour ouvrir le tranfport à l'étranger. Cette dépenfe peut être encore bien augmentée par le changement des grains de femaille, qui fe doit faire tous les deux ou trois ans au moins, fi on veut fe procurer de belles récoltes. C'eft la récolte qu'il vient de faire qui doit fournir à ces nouveaux frais , & la vente du fer-

mier s'ouvre affez volontiers à la fin de
Novembre & au commencement de Décembre. Il eft bien malheureux dans ce
moment fi fon bled eft à vil prix, parce
qu'il a befoin de vendre ; il faut payer
le prix de fon bail, ou au moins le premier terme, auffi bien que le premier
quartier des impofitions ; il n'a que le
mois de Décembre pour s'y préparer.
Quel prix peut-il efpérer de magafins
remplis d'une nouvelle récolte, dont le
débouché ne lui eft ouvert qu'en partie ?
Le néceffaire & le fuperflu confondus
enfemble, & retenus dans les mêmes
dépôts, formeront une maffe confidérable, qui fe dépréciera elle-même aux
yeux du confommateur, & le laboureur
fera facrifié à une terreur panique, ou
à des idées d'un befoin chimérique. Son
mal augmentera encore par les dépen-
fes de l'hivernage, & les femailles des
aveines & autres grains de Mars.

Mais hâtons-nous d'arriver au mois
d'Avril, temps où l'exportation ouverte
femble nous promettre un meilleur fort :
dans ce moment où fes greniers font
pleins, & fes befoins confidérables, où
pour y fatisfaire il a été obligé de vendre
à des fpéculateurs, qui en auront fure-

ment profités pour acheter à vil prix ;
car ils n'ont sûrement acheté que pour
revendre plus cher , & trouver sur la
différence des prix de quoi payer leurs
frais , les intérêts de leurs avances , &
un profit capable de couvrir les peines
qu'ils se donnent & les risques qu'ils cou-
rent. Dans ce dernier cas , la perte du
laboureur est sûre & irréparable : mais
voyons ce qui arrivera dans le premier.
Tout le superflu dans le cours des huit
mois précédens se sera rassemblé, & se
trouvera accumulé dans les magasins.
La masse en paroîtra d'autant plus considérable aux yeux de l'acheteur, qu'il
aura été obligé de se pourvoir ailleurs
de ses besoins, & il se tiendra d'autant
plus roide vis-à-vis du vendeur, qu'il
sçait que ce dernier a besoin d'argent, &
qu'il n'a qu'un temps assez court pour
se défaire de sa marchandise. Le vendeur
de son coté lâchera la main d'autant plus
facilement, qu'au bout, ou même, aux
approches du terme fixé, sa marchandise
baissera nécessairement faute de débouché, & l'étranger profitera plus que nous
des richesses de notre sol. On ne peut
pas même sçavoir dans ce système jusqu'à
quel point il en profitera. Ses grains peuvent

vent être exceſſifs, ſi lors de l'ouverture
de l'exportation, la récolte future donne
de bonnes eſpérances, & nos beſoins ne
ſont point parés, ſi elle les trompe.

Pour nous en convaincre, examinons
à préſent ce qui doit arriver pendant les
quatre mois ouverts pour l'exportation.
L'étranger accoutumé à ce commerce,
& qui ſe ſera procuré ailleurs de quoi
appaiſer les beſoins preſſans qu'il a pu
avoir pendant notre inaction, ne ſe preſſera pas d'acheter : le national au contraire, dont les beſoins ſont preſſans,
& cauſés par cette même inaction, ſe
preſſera d'autant plus de vendre & de ſe
défaire de tout ce qu'il a, qu'il eſt aſſuré
que les quatre mois d'exportation ſeront
ſuivis de huit mois de prohibition. Cette
poſition n'eſt pas égale, & paroît de
toutes façons trop critique pour le national ; il y perdra donc néceſſairement,
& cette perte irréparable pour lui pourroit à peine être rachetée dans l'intérêt
de l'Etat par la certitude d'un approviſionnement complet. Mais s'y trou-
vera-t-elle cette certitude ? C'eſt ce dont
on peut douter ; & ce que nous allons
tâcher d'examiner.

Il faut convenir d'abord, que dans

le moment de l'ouverture de l'exportation, on ne connoît ni fes befoins, ni
fon fuperflu ; tout a été confondu juf-
ques-là, & cette confufion en baiffant
néceffairement le prix du grain, n'a pu
nous donner que des idées fort agréa-
bles fur l'un & fur l'autre ; qui peuvent
facilement être trompeufes dans la réalité. En effet, je le répéte, on ne connoît ni le befoin, ni le fuperflu : comment en agira-t-on vis-à-vis de l'exportation ? fera-t-elle permife indéfiniment,
ou laiffera-t-on fubfifter les deux précautions prifes par l'Edit ? La premiere,
fur l'exportation par vaiffeaux françois,
& la feconde, fur le prix du bled. Il eft
prefque apparent que dans ce nouveau
fyftême, notre navigation ne fera pas fuf-
fifante pour l'exportation de nos bleds ;
parce que chaque vaiffeau ne pourra faire
qu'un voyage dans l'efpace de quatre
mois, & que nos vaiffeaux pêcheurs n'y
pourront prendre aucune part ; & cette
perte eft confidérable, non-feulement par
le prix du frêt que nous livrons à l'étranger, mais encore par la diminution de notre navigation & de nos forces maritimes.

Ce n'eft peut-être pas là encore le
plus important. Je le répéte, nous ne

pouvons connoître notre superflu pendant huit mois d'inaction, & nous igno-
rerons encore davantage les besoins de
l'étranger, qu'on ne peut sçavoir parfaitement que par des correspondances & des
opérations bien suivies ; de sorte qu'il
pourroit fort bien arriver que ces besoins
fussent assez considérables pour consommer notre superflu , & même entamer
notre nécessaire pendant les quatre mois
d'exportation; ce qui seroit encore un nouveau mal, & très-considérable. Le reméde
unique seroit encore d'arrêter l'exportation, lorsque le bled seroit monté à un prix
trop haut, & prévu par l'Edit. Mais premiérement, que seroit-ce pour lors qu'une
exportation limitée à quatre mois, & qui
pourroit encore être suspendue par la
hausse subite du prix du bled ? quelle
spéculation le Négociant peut-il asseoir
sur une pareille manutention, & différe-
t-elle beaucoup de la prohibition dont
on n'a que trop ressenti les funestes effets dans les excès contraires qui en ont
été les suites ? Mais est-il encore sûr que
ce reméde fût efficace dans ce projet ?
On peut d'autant plus en douter , que
dans un si court délai , toutes les opérations seront forcées , & que dans la

G ij

vivacité, pour ne pas dire dans la pé-
tulance, trois femaines qui font néceffaires pour affurer le prix du marché ren-
droient peut-être le reméde tardif.

Je finis par une réflexion qui me paroît
d'un affez grand poids, & je la hazarde
d'autant plus volontiers, que le projet
que je combats, ne part furement que
d'une tête bien intentionnée, & d'un efprit réfléchi qui cherche à éviter également tous les excès: nos befoins & notre
fuperflu font certainement un myftere,
& que je crois dangereux de vouloir trop
approfondir. Le prix du grain eft une
mefure publique, d'après laquelle nous
pouvons le mieux les apprécier. Si cela
eft, pourquoi en chercher une autre qui
ne tendroit peut-être qu'à rendre celle-ci
inutile, ou du moins fautive ? C'eft une
regle fure, & capable de nous faire éviter tous les excès, fi nous voulons la laiffer agir dans les formes ordinaires. Crai-
gnons de la déranger. C'eft un reffort
naturel qui devient inutile, ou trom-
peur quand il eft forcé. Il le feroit immanquablement dans ce dernier projet,
& il agit dans toute fa liberté dans l'adminiftration autorifée par l'Edit de 1764.

Je pencherois donc fort à adopter le

fystême de cette loi, je crois qu'il seroit utile quant à préfent d'y faire les petites corrections que j'ai indiqué, mais fur tout d'en fuivre l'exécution avec les yeux les plus attentifs & une fermeté qui ne tienne pourtant pas de l'enthoufiafme, ni de l'entêtement du préjugé. Nous croyons que les principes fur lefquels il eft établi font très-bons, mais nous avons dit que tous les fyftêmes préfentés fur cette matiere étoient fondés fur de bons principes.

Un principe bon en lui-même peut devenir mauvais dans de certains cas par des applications fauffes ou outrées. Il eft de la connoiffance de tout le monde qu'il y a beaucoup de vérités relatives & très-peu de vérités abfolues. Laiffons ces derniers qui n'appartiennent qu'à la Religion & à la Géométrie proprement dite, & fentons fans prévention que les vérités relatives ne peuvent acquérir d'évidence & d'authenticité que par l'expérience. C'eft vraiment à elle à conduire les foibles lumieres de l'humanité, & à lui découvrir les replis tortueux dans lefquels l'ignorance, ou la malice des hommes cherchent à fe cacher. Quelque parti que nous prenions, foyons fûrs qu'il y a des inconvéniens. Il faut tacher de les prévoir, fur-tout ceux qui font trop dangereux ; c'eft à l'expérience à nous montrer les autres, & c'eft enfuite à la fageffe du Légiflateur de juger de leur importance, d'y apporter le remede, s'ils en valent la peine, ou de les laiffer fubfifter comme des taches inféparables de l'humanité s'il font légéres ; & qu'on craigne en les réformant de nuire à des avantages plus confidérables. Difcutons tous les principes, mais malgré la dif-cuffion la plus éclairée, vérifions-les par une expérience fuivie & fur-tout ne les outrons pas.

Cette régle du raifonnement & du jugement paroît devoir être adoptée par tout, & à plus forte raifon dans une matiere auffi effentielle que celle des bleds, où il s'agit du point effentiel de la fubfiftance des hommes, & où la moin-dre erreur peut devenir funefte par les conféquences.

C'eft par ces motifs que j'ai combattu divers projets, & que j'ai refufé en moi-même une confiance entiere à des prin-cipes que je reconnois bons, & qui de-viendront peut-être encore meilleurs lorfqu'ils feront accompagnés de tous les secours nécessaires, pour en écarter les dangers que l'on peut craindre. La défiance mal fondée est un vice, mais une confiance trop étendue en est un autre, & qui peut devenir encore plus funeste : évitons tous les excès & suivons le principe de Terence, *ne quid nimis*.

Je venois de finir cet ouvrage, lorsque dans la Gazette du Commerce, de l'Agriculture & des Finances, du 4 Octobre 1768, N° 80, j'ai trouvé un petit ouvrage sur le même sujet, sous le titre d'*Essai d'un Citoyen*, *& ses Réfléxions sur la circonstance actuelle du prix des grains*. Il commence d'abord par contredire la proposition de baisser le prix d'exportation ; parce que, dit-il « dès que le » laboureur ne trouvera ni ne pourra plus » espérer vendre son bled à un prix plus » haut que celui qu'on fixera, il se décidera à le vendre, de maniere que » l'Etranger recevra de nous la même » quantité de grains, & nous donnera » moins d'argent… &c ». L'Auteur a raison ; ce seroit un grand malheur ; mais peut-il arriver ? Prenons garde qu'il est ici question d'un tems d'exportation, & dans ce cas le prix n'est pas gêné par rien. Y a-t-il abondance en

France ? Le prix n'eſt pas monté au prix prohibé, & la ſortie eſt libre. Les magaſins ſont-ils moins garnis, & la rareté du bled en fait-elle monter le prix au point marqué pour fermer l'exportation ? Mais dans ce cas, le propriétaire le vendra plutôt avantageuſement au conſommateur national, que de le livrer pour un moindre prix à l'Etranger.

Quelle a donc pu être l'idée de l'Auteur ? Il a peut-être penſé que le Fermier pourroit prévoir le renchériſſement du bled dans l'intérieur, & que cette ſpéculation le porteroit à ſe preſſer de vendre ſon bled à meilleur marché à l'Etranger. Mais cette opération eſt ſi fauſſe, qu'elle n'eſt pas préſumable. En effet, dans quelle poſition ſe trouve le vendeur de bled dans le tems de l'exportation ? Il a le choix entre l'acheteur étranger & l'acheteur regnicole ; & ſi l'exportation eſt fermée par la hauſſe du prix, il eſt aſſuré de vendre ſon bled dans l'intérieur au prix fixé par la loi & même au-deſſus ; car nous avons obſervé qu'au moment de la ſuſpenſion de l'exportation, cette augmentation ſeroit indubitable : pourquoi donc ſe feroit-il gratuitement & volontairement le tort de le vendre à meilleur marché ? Les craintes qu'il auroit à cet égard feroient bien mal placées, & il ne tarderoit pas d'être raffuré, non-feulement par les réflexions que nous venons de faire, mais encore par la certitude que les ports feront ouverts dès que les bleds feront diminués, & que la concurrence de l'Etranger viendra à fon fecours, s'il en a befoin ; & il réfultera toujours de la nouvelle adminiftration, qu'il ne fera pas forcé de vendre à vil prix dans les tems d'abondance, & que dans les tems de befoin il recevra du confommateur national un falaire très-avantageux de fes peines & de fes avances. N'eft-ce pas un encouragement efficace pour étendre & améliorer l'Agriculture, & n'eft-ce pas tout ce qu'on peut defirer ?

On fera peut-être étonné, après la difcuffion de cette premiere propofition, de trouver celle de réduire la permiffion d'exporter aux feules farines, & de rétablir la prohibition de la fortie des bleds; car on peut croire que la fortie feroit moins forte en farine qu'en grains. Cependant j'adopte tous ces principes, & même les conféquences qu'il en tire. Ceux qui voudront bien se donner la peine de lire cet ouvrage verront qu'on avoit senti dans les tems tout l'avantage de cette exportation, que lors même qu'elle a été autorisée par un Arrêt du Conseil, elle avoit fait de grands biens, qu'elle en promettoit davantage ; que des gens sages & les plus éloignés de toute prévention desi roient qu'elle pût être suffisante pour le débouché de notre superflu, & que pour se décider tout-à-fait sur un point aussi important, ils souhaiteroient d'être éclairés par une expérience un peu suivie.

Je penserois encore de même avec eux, si les choses étoient dans le même état qu'elles se trouvoient lors de l'Edit de 1764. Mais plus on a cru devoir frapper un grand coup pour encourager l'Agriculture, plus on doit craindre de la décourager facilement. La crainte produit encore des effets plus prompts & plus assurés que l'espérance. Et s'il est sage, comme je n'en ai jamais douté, de marcher à pas lents & mesurés dans l'établissement d'une nouvelle administration, il faut encore agir avec plus de prudence quand on revient sur ſes pas : détruire trop promptement une grande partie d'un nouvel édifice, c'eſt ébranler juſqu'aux fondemens le ſurplus qui, quoique bon en lui-même, n'a pas encore acquis aſſez de ſolidité pour réſiſter à des coups ſi violens. Eſſayons les réformations propoſées qui ne ſont que la modification, & non pas la déſtruction de la loi, & conſultons l'expérience ; mais avec des yeux toujours ouverts, & d'autant plus attentifs, qu'il s'agit ici du fondement eſſentiel de la ſubſiſtance la plus néceſſaire, dont la diſette, où même le renchériſſement à un certain point gêne le riche, écraſe l'homme aiſé, & égorge le miſérable.

F I N.